向内生长

品牌增长背后的核心秘密

王梓名　著

中国财富出版社有限公司

图书在版编目（CIP）数据

向内生长：品牌增长背后的核心秘密／王梓名著．— 北京：中国财富出版社有限公司，2025.7
ISBN 978-7-5047-8132-1

Ⅰ.①向… Ⅱ.①王… Ⅲ.①品牌-企业管理 Ⅳ.①F273.2

中国国家版本馆 CIP 数据核字（2024）第 047909 号

策划编辑	李彩琴	责任编辑	孟　婷	版权编辑	武　玥
责任印制	苟　宁	责任校对	孙丽丽	责任发行	于　宁

出版发行	中国财富出版社有限公司		
社　　址	北京市丰台区南四环西路 188 号 5 区 20 楼	邮政编码	100070
电　　话	010-52227588 转 2098（发行部）	010-52227588 转 321（总编室）	
	010-52227566（24 小时读者服务）	010-52227588 转 305（质检部）	
网　　址	http://www.cfpress.com.cn	排　版	宝蕾元
经　　销	新华书店	印　刷	宝蕾元仁浩（天津）印刷有限公司
书　　号	ISBN 978-7-5047-8132-1/F·3830		
开　　本	710mm×1000mm　1/16	版　次	2025 年 7 月第 1 版
印　　张	15.75	印　次	2025 年 7 月第 1 次印刷
字　　数	281 千字	定　价	69.80 元

版权所有·侵权必究·印装差错·负责调换

序

欢迎各位企业经营者开启阅读之旅。

在商业的广袤天地中，经营者的身影无处不在，无论是怀揣梦想的创业者、掌舵企业的企业家、运筹帷幄的企业高管、担当重任的核心员工，还是专业的咨询顾问、深入钻研的商业研究者，只要怀揣着自我提升或助力企业发展的愿景，都属于我们所说的经营者范畴。

一、本书对经营者的三大价值

1. 提供可复制的独家经验和方法

创业虽然像一场考试，但是却是一场开卷考试。创业者可以自己探索答案，也可以向商界寻求答案。寻求答案的过程看似简单，实则困难。

一方面，经营者可能不知道去哪里找答案；另一方面，经营者可能不确定找到的答案是否可信。甚至，经营者根本没有时间去找答案。

这本书是我从业 17 年的经验和方法的总结，不仅包含了我担任"甲方"负责人（先后担任不同企业的企业文化负责人、品牌营销负责人、董事会秘书等）的 8 年实践，也包含了我创业从事企业品牌营销咨询服务、辅导不同行业上百家企业的 9 年经验。

书中包含了困扰多数经营者的 30 个问题的答案、10 个应用模型以及可能会遇到的 20 个"坑"，经营者不用再花时间到处寻找答案，也不用再苦于没有参考而导致决策失误，书中的方法不仅可以参考，甚至可以直接拿去用，帮助经营者少走弯路。

在阅读这本书的过程中，相信您一定会发出茅塞顿开时"原来如此"的惊叹，曾经没有参考而导致的"哎呀"的惋惜，提前预知风险的"天哪"的庆幸，以及不由自主的"哇"的赞叹。

2. 形成新的竞争优势

在工作中，每个人通常专注于自己熟悉和擅长的领域即可。然而，企业经营不同，它是一项系统工作，要求经营者不仅要精通自身擅长的部分，还需对其他环节有所涉猎。本书从创始人、组织、战略、产品、品牌、营销等多个角度系统阐释企业经营，有助于经营者建立宏观思维、系统思维和辩证思维，从而真正洞察商业本质，深刻理解企业经营的内涵。

3. 找到企业增长的新引擎

"如何经营好一个品牌？"这是我从业以来被问及最多的问题，尤其在市场环境多变、各行各业竞争激烈的当下，企业经营遭遇困境时，这个问题更是备受关注。基于十几年的从业历程，我发现影响品牌增长的因素众多，而其中最关键的是"人"。商业的本质是围绕人展开的，经营者和消费者是商业的两端，连接二者的是人的复杂多样的需求，包括物质和精神需求。

在企业经营中，无论创意多么精妙，如果缺乏执行的人员和有力的组织支持，都难以成功；再好的产品，如果忽视消费者需求、不符合消费习惯和文化习俗，也无法在市场营销中突围。

本书从"人"这一关键要素切入，为企业经营者、管理者和品牌营销从业者提供全新视角，挖掘根本要素。

二、为什么写这本书

1. 17 年商业实践历练

我在品牌营销领域深耕 17 年，经历了从"甲方"到"乙方"的角色转换。既有深厚的专业知识打底，又有真实商业世界中的历练；既能洞察到"刀光剑影"背后的底层逻辑，又在底层逻辑指导下在"刀光剑影"中取胜。创业后，我为上百个品牌提供过服务。这种身份的转变让我拥有独特的视角和思维方式，更赋予我一颗透过现象看本质的心，促使我从多维度研究、思考品牌增长的核心问题。

2. 亲手创建过 3 家公司

我的职业生涯起始于跟随一位杰出企业家近 5 年，其间我近距离学习了企业经营、业务管理、战略规划和品牌建设的实战知识。在创立北京思转品牌管理咨询公司之前，我还创建过购物平台和小尖椒营销策划公司（北京思转品牌管理咨询公司的前身）。这些经历让我对市场和消费者有了深刻洞察，也让我深知创业者面临的挑战和企业经营的复杂性。

3. 帮助上百个品牌取得成功

从事企业品牌营销咨询顾问 9 年，我辅导过上百个品牌，深度合作的企业达十几家，涉足新能源、文创、教育、文旅、餐饮、农业等众多行业，积累了丰富的实战和行业经验。这些宝贵的"心法"能为经营者带来启发和借鉴。例如，在我担任山西誉鹏达新能源科技有限公司顾问的几年时间里，其实现了稳健增长，从名不见经传成为行业知名品牌。

三、为什么强调"向内生长"

1. 影响品牌增长的真因在内部

在企业运营的浩瀚海洋里，品牌恰似露出水面的冰山一角，真正支撑它的是隐藏于水下的深层因素，这些因素对品牌的影响和塑造至关重要。许多企业委托我们解决品牌、营销问题，但调研后发现，问题根源往往不在品牌、营销本身，而在战略、产品、组织、渠道、推广等企业经营层面。这些运营层面的背后是企业的组织结构和每一位员工，他们构成了企业核心，而品牌只是企业在市场中的外在呈现。

2. 修炼内功以适应多变的竞争

当下市场竞争环境已从"增量时代"步入"存量时代"，竞争格局和方式发生巨大变化，企业在增量市场的方法已不适用于存量竞争。企业都是"摸着石头过河"，唯有修炼内功、转变竞争策略，才能适应新的竞争格局。

3. 由内而外形成企业核心竞争力

企业发展受内部和外部因素共同影响，但内部因素起决定性作用。企业若要实现增长，应更多关注内部因素，只有内部基础稳固，品牌、营销问题才有望解决。商业世界因两端需求不断进化而持续发展，但企业增长并非易事。在企业内部，将不同背景、不同特征的人凝聚起来，激发他们共同完成目标，极具挑战性。

经营者关注的业绩、增长、影响力等都是内外部因素共同作用的结果，其中内部因素是核心根源。在企业内部因素中，组织体系最为关键，其背后是性格各异的个体，包括经营者、团队成员、合作伙伴、消费者、社会大众等，其中企业经营者尤为重要。本书以企业经营者为核心研究对象,从经营者个人到组织、经营,再到产品、品牌、营销,从组织内部探寻品牌成长之路。

期待与您共度一段在商业智慧中探索的美好时光,相信本书能为您的企业经营之路带来很多启发。

王梓名

2025 年 6 月于北京

目录
CONTENTS

第一章 个人精进 001

大道至简	003
把人做好	004
修炼心智	006
革新认知	007
自我管理	008
用好战略资源	009
勇于学习	010
夯实基本功	012
成为专家	014
主动变革	016
读懂人性	018
归因于内	019
勇于尝试	020
倾听内心	021
掌控情绪	022
接受失败	024
摒弃自以为是	025
相信专业的力量	026
主动认错	027

第二章 战略共识 029

- 战略思维 …… 031
- 战略规划 …… 032
- 好战略是逐步生长出来的 …… 033
- 组织保障 …… 034
- 要有清晰的战略执行路线 …… 035
- 战略共识 …… 036
- 聚焦核心资源 …… 038
- 保持战略定力 …… 040
- 企业文化是战略的根基 …… 042
- 警惕执行中的"常见现象" …… 043

第三章 团队修炼 045

- 重新定义组织职能 …… 047
- 老板要亲自找人才 …… 048
- 吸引人才之道 …… 049
- 理解年轻员工 …… 050
- 从个人能力到组织能力 …… 051
- 价值观的价值 …… 052
- 与核心员工共生共赢 …… 053
- 招聘的本质是自我营销 …… 054
- 增强企业团队凝聚力 …… 056
- 企业文化要落地 …… 057
- 降本增效≠裁员 …… 058
- 消除团队"内耗" …… 059
- 打造核心团队 …… 061
- 放弃单打独斗 …… 062
- 不要被"企业元老"拿捏 …… 063

第四章 科学经营 065

- 打造现代公司治理结构 …………………… 067
- 如何不被时代淘汰 ………………………… 068
- 如何不被客户拿捏 ………………………… 069
- 科学理解企业经营 ………………………… 071
- 经营就是让自己更值钱 …………………… 073
- 明确经营目标 ……………………………… 074
- "降维打击"不如"升维打击" …………… 075
- 做好经营者的"基础功课" ………………… 076
- 发动全员参与经营 ………………………… 077
- 定价是经营智慧 …………………………… 079
- 没有标准化，企业做不大 ………………… 080
- 如何提升运营效率 ………………………… 082
- 关注经营中的"跑冒滴漏" ………………… 084
- 履行社会责任也是经营 …………………… 085
- 把客服电话当成经营工具 ………………… 086
- 善用"外脑"，少走弯路 …………………… 088
- 培育企业的增长动力 ……………………… 089
- 从资产累积角度做企业经营 ……………… 090
- 多一些客观，少一些"自嗨" ……………… 091
- 摒弃个体户思维 …………………………… 092
- 得意之时找出路 …………………………… 093
- 小企业不要盲目学习大企业 ……………… 094
- 学会洞察本质 ……………………………… 095
- 科学看待创新 ……………………………… 096
- 放弃情怀，回归商业本质 ………………… 098
- 明确事业理论 ……………………………… 099
- 老板要学会"踩刹车" ……………………… 100
- 做个合格的经营者 ………………………… 102
- 多快好省 …………………………………… 103

方向不对，努力白费 …………………………………… 104

第五章 杜绝内耗 105

合伙人之间的关系 …………………………………… 107
企业家与职业经理人的关系 ………………………… 109
老板与核心骨干的关系 ……………………………… 111
"长期主义"与"眼前利益"的关系 ………………… 112
创始人与接班人之间的关系 ………………………… 113
企业与"外脑"之间的关系 ………………………… 114

第六章 品牌共建 117

品牌到底是什么 ……………………………………… 119
培养品牌系统思维 …………………………………… 121
多维度构建品牌 ……………………………………… 122
品牌共创"六步法" ………………………………… 124
从"主动发声"变成"沟通对话" ………………… 125
从"独家制造"变成"共识共创" ………………… 126
品牌传播的"三点论" ……………………………… 127
如何构建品牌资产 …………………………………… 129
品牌建设的"七度"雷达模型 ……………………… 131
积极消除信息鸿沟 …………………………………… 133
重视内容矩阵建设 …………………………………… 135
如何避免被卷入价格战 ……………………………… 137
客户是"驯养"出来的 ……………………………… 138
企业的核心媒介是什么 ……………………………… 139
通过"专业"构建品牌"护城河" ………………… 140
让员工深度参与品牌建设 …………………………… 141
掌握讲品牌故事的能力 ……………………………… 142
传播就是为消费者提供购买理由 …………………… 143
如何让品牌更值得信赖 ……………………………… 144

企业品牌是员工行为的叠加 …… 145
产品是品牌的基石 …… 146
媒介素养经营者的生存必备 …… 147
传播的最低要求是消费者能听懂 …… 148
品牌联名要"门当户对" …… 149
品牌年轻化的关键是思维革新 …… 150
年轻化就要让年轻人来搞 …… 151
创始人才是真正的首席品牌官 …… 153
品牌也有社交需求 …… 155
重视品牌在企业内部的传播 …… 157
如何与用户共创品牌 …… 159
"三位一体"品牌模型 …… 161
从"产品竞争"到"眼球竞争" …… 162
品牌五大核心价值 …… 163
以用户为中心构建生态 …… 165
品牌管理如何应对内容风险挑战 …… 166

第七章 营销创新 167

传统"忽悠式营销"为何玩不转了 …… 169
如何把流量抓在自己手里 …… 170
品牌是营销的信任凭证 …… 172
用品牌塑造稀缺性 …… 173
"感觉有价值"比"有价值"更重要 …… 174
营销的首要任务是创造顾客 …… 176
尽量不要做市场启蒙 …… 177
谨慎选择客户 …… 178
用好品牌触点,增加用户感知 …… 179
营销效率来自创新 …… 181
一切围绕顾客便利 …… 183

告别直觉，用数字说话 …………………………… 184
真诚是营销的必杀技 ……………………………… 185
耐心是通往长期成功的关键 ……………………… 186
清单是营销的有力工具 …………………………… 187
利润是检验营销能力的试金石 …………………… 188
别被表象"蒙骗" …………………………………… 189
持续改善 …………………………………………… 190
如何让客户主动转介绍 …………………………… 191
建立营销系统思维 ………………………………… 193
警惕"拟态环境" …………………………………… 194
发动全员营销 ……………………………………… 195
在场景中建立"大产品"思维 …………………… 196
请问"他们"是谁 ………………………………… 197
顾客价值就是购买理由 …………………………… 198
主动创造消费者体验 ……………………………… 199
新一代消费者不重视品牌了吗 …………………… 201
创新词就是给自己"挖坑" ……………………… 202
如何吸引客户主动成交 …………………………… 203
如何激活老顾客的价值 …………………………… 205
脱离价值的服务就是自我感动 …………………… 207
维护顾客关系的关键是顾客满意度 ……………… 208
如何鉴别真假客户 ………………………………… 209
什么是感动式服务 ………………………………… 210
重视社交媒体营销 ………………………………… 212
企业家个人 IP 是个系统工程 …………………… 213
如何把复杂的问题简单化 ………………………… 214
没有结果的过程就是浪费资源 …………………… 215
把"内容"上升到战略高度 ……………………… 216
建立科学营销体系 ………………………………… 217

数智营销，先知先行 …………………………………… 218
培养国际视野 …………………………………………… 219
营销4.0时代 …………………………………………… 220
弘扬企业家精神 ………………………………………… 222
每一刻都是崭新的 ……………………………………… 224
慢慢来，就很快！ ……………………………………… 225

参考文献 ………………………………………………… 226
后　记 …………………………………………………… 228
致　谢 …………………………………………………… 235

第一章 个人精进

第二章 战略共识

第三章 团队修炼

第四章 科学经营

第五章 杜绝内耗

第六章 品牌共建

第七章 营销创新

大道至简

大道至简。

能真正产生实效的，往往是那些最简单而朴实的道理。然而，人们倾向于放弃朴实、简单的道理，追求复杂的策略，因为道理过于简单，以至于大多数人都难以置信。

在商业领域，最朴实的道理就是"利他"。"利他"说起来简单，做起来很难。很多人张口闭口谈论"利他"，但并不相信"利他"能给自己带来价值，只是将其作为自我标榜的工具。

比如，很多做餐饮的朋友喜欢研究各种商业模式，但是他们恰恰忽略了最简单的道理——给顾客提供好吃、性价比高、干净卫生的食品，如果环境再好一些，服务再周到一些，还能给顾客提供情绪价值，那就是锦上添花了。

同时，你可能也见过很多饭店、超市，根本没有服务，但是顾客依然络绎不绝，是因为他们把最简单的道理落到了实处。

很多经营者喜欢学华为的狼性文化、海底捞的极致服务、胖东来的良心经营，但是为什么没能取得成果，原因有两个方面：一方面，他们的真实目的并不是掌握别人的成功经验。他们去优秀的企业参观，只是蜻蜓点水，他们真正追求的是一种标榜，以满足自己的情绪价值。另一方面，他们忽略了支撑华为的狼性文化、海底捞的极致服务、胖东来的良心经营背后的底层逻辑，就是以人为本。

海底捞的老板曾说，海底捞成功的真正法宝不是服务，而是在高报酬、高福利里的一整套严格的淘汰机制。

很多老板经常抱怨团队执行力不强、员工能力不行。最朴实的道理就是要么请专家给员工培训，提升员工能力；要么就高薪聘请能力强的人，带领企业发展。

把人做好

各种商业现象看起来纷繁复杂，其实很简单。你只要掌握核心要素，你就可以得心应手。这个要素就是人，构成企业的核心是人，经营企业的主体是人，企业服务的对象是人。

多数情况下，企业经营中遇到的问题，80%出在"人"上，还有20%出在产品上，解决了"人"的问题，企业就成功了80%。人的问题主要体现在三个方面，一是认知的问题，二是能力的问题，三是动力的问题。

首先，企业经营者要解决好自己的问题。

清华大学宁向东教授在《宁向东讲公司治理：共生的智慧》一书中有个洞察：一个企业能走多远，领导者的作用是关键性的、决定性的。特别是对于创业型企业和中小型企业，主导者对于企业的持续成长，至关重要。

经营者个人的问题，归根结底是认知的问题。看待问题的角度、分析问题的能力，都会影响问题的解决。提升认知的方法，一是在具体的事情上磨砺，二是不断学习，突破自己的认知，去见识更广阔的世界。

经营者的能力水平，决定了他能承载多大规模的企业。通常来说，经营者应该先具备相关的能力，企业才能增长到相应的规模，而不是企业先增长到一定的规模，经营者再匹配相应的能力。

当然，有人可能会举出反例，认为某些经营者能力一般，但是他们的企业却经营得很好。我承认这样的情况确实存在。比如，经营者本人虽然能力一般，但是团队成员实力很强，企业也会做得很好；也有可能是经营者和团队成员能力都一般，但是赶上了某个行业风口，企业也能做得风生水起。

然而，如果没有实际能力，成功很可能只是短期现象。应该在一个更长远的周期去评估企业经营。当行业的风口过去之后，企业经营还是要回到基本能力层面。所以很多人感慨，靠运气赚来的钱，又靠实力亏掉了。

其次，要解决好员工的问题。

员工的问题主要体现在三个方面：收入、成长和意愿。经营者首先需要关注员工的收入问题。收入往往是很多员工的成长动力、行动意愿、稳定性和忠诚度的基础。

我参与过很多公司的员工离职沟通，表面上员工离职的原因五花八门，比如考研、结婚、回老家发展等，但是最根本的原因还是薪酬的问题。

员工离开时采用的借口，就像很多门店的转让海报一样，多数写着"因家中有事，旺铺转让"。但是你仔细想想，如果这个店铺真的很赚钱，即使家中有事，也可以找人帮忙看店，无非就是多分点利润给对方。

对于大多数员工来说，工作的首要目的就是赚钱。许多经营者天天研究各种模式和策略，但实际上，如果员工的收入问题得不到解决，他们最终还是会选择离开。员工收入的问题解决了，团队管理的大部分问题也就解决了。

古人用最朴素的道理提醒我们，"重赏之下，必有勇夫"。为了获取更多利益，员工会自发地提升能力、主动行动、创造更好的产品、给客户提供更优质的服务。

作为经营者，不要吝啬给员工分钱。实际上，很少有企业是因为给员工发工资而倒闭的。有数据显示，员工待遇提升 10%，给公司带来的价值提升 30%。"老板"这个称呼背后，不仅是荣耀，更是责任。

只有先把员工的物质待遇落实到实际行动中，各种机制、规章制度、激励政策，才能真正发挥作用。否则，规章制度就真的成了"套路"。

但是，千万不要误会，在一家企业中，赚钱可不只是老板的事，而是整个公司、全体员工的共同责任。

最后，要解决消费者的问题。

商业的最朴实的道理："一分价钱一分货"，即等价交换。

像胖东来这样的企业，之所以受到消费者的青睐和社会的广泛赞许，是因为它们做到了本该普遍遵循的商业道理和原则。

作为经营者，应该把焦点放在对消费者的关注上，关注真实世界的人，关注新世代消费群体，关注消费者的真实需求和购买能力。做好产品、做好服务，尽可能在力所能及的范围内为消费者提供便利，为消费者着想。

大家可以思考以下问题：那些跨国的会员超市为何比本土的会员超市更受欢迎？为什么他们能吸引大量顾客，而本土的会员超市，却经营困难？消费者行为就是最好的答案。

古人早已阐述了这个朴实的道理：先做人，再做事。

修炼心智

人的行为在很大程度上受其认知的影响，不同的认知会导致不同的行为方式。因此，改变认知就是改变一个人的世界。

从哲学的角度讲，一个人如何认知世界，就决定了他将采用何种方式来理解事物和解决问题。同样，企业想要在竞争中脱颖而出，就需要考验企业家的认知能力，尤其是他们对旧认知的解构能力和对新认知的建设能力。

那么，如何建立对世界的新认知呢？彼得·圣吉在《第五项修炼》一书中提到，我们之所以会失去看似即将到手的东西，并非因为我们意愿不强或意志不坚，甚至与非系统性的理解无关，而是因为我们的心智模式。

通俗来说，心智模式是人们内心关于自己、他人、世界以及应对方式的固定观念或思维习惯。心智模式会影响人们对信息的解释、判断、决策和行动，是人们对世界的认知和应对方式，决定着人们的思想和行为。

彼得·圣吉认为，新观点和知识之所以难以付诸实践，是因为它们与人们内心深处关于世界运行模式的图像发生了冲突，而这些图像则是把人们局限在自己习以为常的思考方法和行为方式之中。

心智模式决定我们如何理解世界，如何采取行动。对心智模式的修炼，决定了经营者在新时代如何构建对于世界的认知。

经营者不要把自己局限起来，要去见更大的世界，去经历更多的事情。我曾一度走入误区，把自己关起来，学习各种知识和技能，幻想着有朝一日能够一鸣惊人。但是实际上，闭门造车只会加速被淘汰的进程。

因此，经营者要勇敢地面对挑战，答案不只在书本和头脑中，更在与真实世界真刀、真枪的碰撞中。就像玩游戏一样，随着一路升级打怪，技能也会一路飙升。

革新认知

人的成长过程实际上就是不断解构和重构的过程，商业的发展也是如此。

不同时代的商业发展总是与当时的人文、科技、经济等外部环境密切相关。当外部环境发生变化时，商业逻辑也需要随之发生改变。这就好比在数学、物理、化学的公式中，如果假设的前提条件发生改变，公式和定理可能就不成立了。

过去，当人们提到基础设施时，会想到高速公路、互联网、高铁、高压输电等。而在今天，新的基础建设，已经转变为5G、移动互联网、人工智能（AI）、大数据等技术。

当下的商业，已经不再是在传统基础设施上构建起来的，而是在新的基础设施上构建起来的。现代消费者正是在新基建和新商业环境中成长起来的。

对于企业经营者而言，过去在增量市场中积累的商业知识和经验，已经难以适应存量时代的发展需求了。正如那些诞生于农业时代、工业时代和传统互联网时代的企业经营理论、品牌营销理论，它们已经无法满足新商业时代的需求，一样需要不断更新和进化。

当下，移动互联网改变了传统的信息格局和商业模式，商品的价格和信息变得更加透明，这就导致那些依靠信息不对称来赚钱的商业模式，被彻底粉碎了。同时，同质化竞争导致的"内卷"现象使各行各业的利润空间不断被压缩，给企业的生存和发展带来巨大的挑战，甚至是毁灭性的打击。

过去的固有认知、成功经验已成为制约企业发展的枷锁。因此，企业需要重新思考商业的模式、价值创造方式和价值传递方式。要重新发现新的需求，寻找市场中那些未被满足的消费者需求。用新认知激发新行动，用新地图找到新目标。

自我管理

决定一家企业、一个品牌、一个团队成功与否的核心要素是经营者自身。作为经营者要管理好以下三个方面。

首先，要管理好自己的思想。很多人不经意间会自我设限，例如认为自己没学历、性格内向、缺乏资源等，实际上这是为自己找借口和退路。

其次，要管理好自己的行为。行为是最大的泄密器，人们不只听你说什么，还要看你做什么。

比如，创始人在企业中地位最高，无论他们做什么，通常没有员工敢指责。无论创始人的决策是对是错，员工们往往只会私下讨论，而不会直接指出问题。这间接导致创始人听不到真实的声音，了解不到企业真实的状况，做决策时更加我行我素、固执己见。

创始人需要严于律己，严于律己是一种人格魅力。一旦人格魅力形成，员工的凝聚力、向心力就会非常强大。

最后，要管理好自己的言语。言语的力量不可小觑。一句话可以兴邦，一句话也可以亡国。很多人做不成事，往往要归咎于自己的言辞。

实际工作中你会发现，很多人一开口就讲消极言论，一开口就暴露了自己的无知，而这些行为，除了给团队带来消极影响外，没有任何益处。

作为企业负责人，很多时候要能包容，有格局，允许下属比自己更优秀。这样，团队才能保持正向发展。一个人能包容多少人和事，他的事业就能做多大。

因此，创始人不仅要给员工设立规则，更要给自己设立规则，管理好自己的言行，给员工树立榜样。

用好战略资源

作为企业经营者,你是否找到了人生的终极目标,并围绕终极目标找到与你能力相匹配的方向,最终实现了你的理想?

人生的终极目标确定后,接下来资源合理配置显得尤为重要。对于经营者来讲,战略资源是什么?不是你手中的财富,而是健康的身体、有限的时间和生命。你能做的就是尽可能把握现在,尽快完成能做的事情。

好钢要用在刀刃上,时间应该花在正事上,那正事是什么?就是你人生的终极目标。不要把你的时间和生命,浪费在与你无关、与目标无关、鸡毛蒜皮的事情上,要利用好、管理好你的战略资源。

随着岁月的流逝,你的时间、精力、体力可能就跟不上了。比如,你是脑力劳动者,想要认真思考问题,但是如果颈椎疼痛,你可能连工作的心情都没有。体力劳动者想要在同类人群中脱颖而出,如果你不运用智慧,不花点心思,根本实现不了。

最终你会发现,所有的体力劳动者,最后比拼的都是脑力,所有的脑力劳动者,最后比拼的都是体力。

有句话叫"剩者为王",健康地活到120岁,这也可以是人生战略。

对于每个人来讲,很多机会都是有时间限制的,都有窗口期,绝不要在任何非战略机会点上浪费你的战略资源。

勇于学习

我有一个客户誉鹏达，在它的企业文化中，有一条核心价值观叫"勇于学习"。那么，什么是勇于学习呢？就是在你本身不具备学习条件的情况下，还积极创造条件去学习。誉鹏达的创始人韩鹏，就是这一企业文化的积极践行者。

浙江大学的王立铭教授有一句名言：进化论是地球上唯一可靠的成功学。这句话不仅适用于生物世界，也适用于商业世界和个人成长。

在这瞬息万变的世界中，我们对公司的理解、能力的定义、经验的价值和商业的认知，都要重新构建。许多人声称自己有 10 年的工作经验，但关键在于这是真正的 10 年工作经验，还是一个经验重复用了 10 年，这两者是有本质区别的。

真正的 10 年工作经验意味着不断迭代和累积，而一个经验用了 10 年则意味着在单一维度上的低水平重复。

想要跟上时代的发展步伐，适应未来的竞争，我们必须具备学习力。一旦拥有了学习力，其实你就拥有了竞争力。

未来的商业世界对人才的要求，除了具备核心专业能力，还需要成为通才。如果只局限于一个专业领域，视野就会越来越窄，最后陷入专业困局。

一些企业老板虽然学历不高，但是企业却能够越做越大。这是因为他们都有非常好的学习态度，多年一直在持续学习。他们的成功并非依靠学历，而是依靠学习力和良好的习惯。

"熵增定律"告诉我们，任何组织或者个人在没有外力干预的情况下，都会自发地从有序走向无序，从整齐走向混乱，从高效率走向低效率。

无论是个人还是组织，一旦把自己封闭起来，就会加速走向衰败甚至灭亡。学习是为了应对熵增。

对于多数成年人来讲，学习不仅是为了获得知识和资讯，更重要的是学习思维方式，从而获得更好的思考角度和反应模型。

高手之所以厉害，不仅因为他们的知识储备多，还因为他们大脑中有更多的思维模型，就像我们事先在仓库里存了很多物品，需要时可以直接取出来。

我们每天会面临新情况和新问题。无论是个人还是企业，想要经营得好、发展得好，就需要不断学习，不断建立新的认知，学习新的知识。并不是说你需要创业、需要经营企业、需要做品牌营销时，你才需要学习，而是学习已经变成了当下生存和发展的基本要求。

客观地讲，现在不关注学习的人越来越少了，大多数人都在主动学习。但是很多人学习缺少方法，学会如何学习比学习本身更为重要。

很多人的学习笔记和书中划的重点都是各种金句。虽然金句读起来朗朗上口，易于传播和记忆，但是没有几个人能将其应用到实际工作中。

我们经常质疑"为什么很多人懂得了很多道理，却依然过不好这一生"，其实原因有很多。他们可能并没有真正学会这些知识和道理，要么学了一堆"假知识"，要么知识都是零散的、碎片式的。只学不用，就成了学习专业户，甚至学习这件事，变成了很多人不行动、假努力的借口。

在学习过程中，需要客观冷静、不带情绪地去观察、分析，从而使自己具备真正的学习能力、思考能力、逻辑推理能力、分析判断能力。而这些能力正是面向未来竞争的基础能力，也是最重要的能力。

夯实基本功

　　服务企业这么多年，我观察到大多数企业和企业家的问题并不是难以进阶，而是基本功不扎实，对应知、应会的知识和技能掌握得太少了。

　　美团创始人王兴曾说，绝大多数公司的失败，不在于没有掌握高难度的动作，而是基本功出了问题，把基本功练扎实，可以赢得99.9%的事情。

　　以家具建材行业为例，许多人认为受地产和经济形势的影响，行业不好做了。但是我有一个在山东做家具生意的朋友，他的生意却非常好。我询问他的行业"秘密"，他的回答是每天带着店员学习基础知识。

　　出于好奇，我亲自去察看了一番，发现他的团队基本功非常扎实，对顾客需求的把握非常精准，成单率极高。

　　创业多年，我一直非常重视基本功训练，针对每一位新加入的成员，我都会带其进行基本功训练，并且要求无论职级高低，每个人都要亲自把每个业务环节熟悉一遍。

　　然而，许多人总是梦想着憋大招，追求灵感和金点子，幻想一招成名，贪巧求速，殊不知每一个成功的高光时刻，都离不开基本功的累积。

　　我经常告诉团队成员，把简单的招式练到极致就是绝招。最基础的往往是最重要的，最简单的才是最有效的。

　　世界其实很公平，付出不一定会得到，但是你得到了，一定是因为付出了。道理听起来就是这么简单。但多数人既不会，还想要，最后弄虚作假，走上歪门邪道。

　　基本功是每个"手艺人"的基本盘，练习一遍和一百遍可能没有太大差别，但是练习一千遍、一万遍后，高下就会立见。

　　松浦弥太郎《新100个基本：自我更新指南》一书中提到，看似简单的事情，才是最难的。越是简单的，越是深奥。

　　成为更强大的自己，不是一下子去做一件惊天动地的大事，而是从每一件小事做起，练好基本功，做好自己的基本盘，获取新的技能。

我曾看过国乒教练训练国乒队员的一个视频，他不停地快速发球，队员接球。结束后，满头大汗的教练说："这个量，就够了。"

对于企业来说，在规模方面每提升一个层级，都意味着要做很大的突破，也意味着它的能力、组织、品牌、营销、管理各个环节的全面提升，这样才能保证稳健增长。

很多时候，人们只看到了成功者表面的风光，而忽视了其背后的努力。就像很多人看到我们作为咨询顾问，似乎轻轻松松就解决了难题，却没有看到我们背后的付出，不知道我们进行了多少调研和验证。

例如，思转品牌咨询有一个客户，在方案正式执行之前，思转团队进行了将近半年的内外部调研。为了确保方案顺利落地，思转团队半年内为客户举办了 22 场公司内部的共识会，让大家先从思想上开始改变。这样做的结果是，1 年多时间里，客户公司业绩从 2000 多万元增长到了 1 亿多元。

所有的光荣，都源于逆境。所有的绽放，都始于淬炼。所有的美好，都源于改变。

很多人羡慕成功者，却忽略了成功者背后无数个日夜的辛苦付出。所有看起来的毫不费力，都离不开不为人知的努力。

成为专家

在这个"内卷"的时代,各行各业的竞争越发激烈,专业化程度不断加深。那个随便做点事情就能成功、就能赚到钱的年代,已经一去不复返了。

正如"潮水退去才能看清谁在裸泳",企业想要在激烈的竞争中胜出,就必须成为所在行业的佼佼者。过去常有人提及"一万小时定律",即在一个领域坚持一万小时的实践,就能成为该领域的专家。

然而,现实中有很多人在一个岗位上工作多年,却未有明显进步。真正能成为专家的人,是那些在一个行业精耕细作、不断重复、刻意训练的人,而不是那些只是单纯"拉时长"的人。

以企业顾问为例,怎样才能快速成为某个领域的专家?俗话说,想要给别人一碗水,自己得先有一桶水。因此,思转品牌咨询的每位成员大多数时间都处于"勤学苦练"的状态,我每个月至少读 10 本书,向不同行业的专家学习,并将所学的知识在实践中应用。通过学习和实践,不断升级自己对品牌和营销的理解,将经过实践验证的知识提炼总结,形成知识体系和方法论。

电影《霸王别姬》中有这样一个场景,小豆子和小癞子,忍受不了练功的辛苦,偷跑出来,看到名角唱戏,小癞子边哭边说:"他们怎么成的角儿啊?得挨多少打呀?我什么时候才能成角儿啊?"其实,没有人随随便便成功,都是在别人看不见的地方默默努力。

如果说别人都在做某事,你也跟着做,这就是同质化竞争。同样,如果别人努力八小时,你也努力八小时,却幻想产出跟别人不一样的成果,那几乎是不太可能的。只有你付出更多的努力,才能带来不同的成果。

很多经营者很迷茫、焦虑,尤其是看到成功的大佬就想着自己何时能赶上,看到营业额更高的企业就思考自己如何赶超。其实,在企业经营过程中,每个人、每个企业的起点不一样,尽可能不要跟别人攀比,应学习他人的优点,取长补短,转化成自己的能力。

不要和别人比,而是要和自己比,今天比昨天优秀,明天比今天优秀,每天进步一点，日拱一卒，功不唐捐。这样自己才不会焦虑，也不会陷入情绪内耗中。

想要成长为更优秀的人，就需要读好书、结交高水平的人、听成功者的演讲、向有结果的人学习。不仅如此，那些失败的案例，同样值得我们去学习和思考。

主动变革

当下，很多传统企业经营之所以举步维艰，究其根源，往往在于它们对于变革的抗拒与迟疑。因为变革可能意味着要损失眼前利益，意味着必须走出舒适区，这些都是对人性中的贪婪、胆怯和无知的挑战，正是这些让变革之路显得异常崎岖。

对于当下的企业而言，真正的核心竞争力已悄然转变为企业家的思考力、变革力和创新力。

达尔文在《物种起源》中所揭示的"物竞天择，适者生存"的自然法则，同样适用于商业领域。想要避免被淘汰，企业必须具备主动变革的意识和勇气。

表面上看，主动和被动仅一字之差，却有着云泥之别。主动变革，掌控权在自己手里；被动变革，往往就要被迫去做很多来不及细想或不想做的事情。

主动变革至少还有生存的机会，最坏的结果不过是回到原点，大不了重来。

事实证明，那些优秀的个体与企业都在积极拥抱变化，主动进行变革。他们深知，与其在焦虑、抱怨、迷茫中消耗宝贵的精力，不如静心沉淀，认认真真做好每件事。

主动变革首先要改变思维方式。对大多数人来说，最难转变的是思维方式。过去的经验和方法可能已成为前行的枷锁，唯有摒弃旧有的思维方式，采用新工具、新方法、新思路，才能跟上时代的发展和变化。

在多年的企业辅导经历中，我见过很多企业起起伏伏，也见证了很多创业者的发展和变化。我深刻体会到，最让人惋惜的并非一无所知的创业者，而是那些自以为是的"智者"。一个人如果无法放下过去的无知，就没有办法走进智慧的殿堂。

主动变革还需要重塑行为习惯。优秀的企业家和创业者，往往拥有一种难能可贵的特质——行动力，他们一旦决定，就会立即采取行动，不拖延，不犹豫。

相比之下，很多人遇到问题时总是习惯性等待，等我有时间、等我有机会、等我正式开始做这件事的时候再行动，结果很多事情就这样不了了之。

经济学家丹比萨·莫约在《援助的死亡》一书中写道:"种一棵树最好的时间是十年前,其次是现在。"改变,不是等哪天有时间或心情好了再去做,而是应从当下每一个细节开始。

对于企业经营来说,改变意味着创新,创新很难,但不创新则是死路一条。面对过剩的产能和同质化竞争的双重夹击,企业若想脱颖而出,必须进行深层次的思维革新。

我们能否用过去的知识、认知和经验来理解新事物、指导新事物的发展,这是值得每个企业经营者思考的问题。

传统的品牌建设、营销策略、管理理论,在其诞生之时是为了解决当时的问题。但是当环境、条件、要素和工具发生变化后,这些理论已经难以适应新的竞争和发展需要。

最近几年,我在跟很多创业者交流时发现,他们普遍感受到原来行之有效的方法突然失灵了,原来积累起来的资源和关系也用不上了。尤其是中小企业主,他们多是从一线实践中成长起来的,缺乏系统的理论指导,日常决策主要依赖积累起来的经验。他们曾一度沾沾自喜,认为没有经营理论指导,照样也把生意做起来了,但是这几年明显感到吃力了。

在方法、经验、理论都过时,经济发展模式、商业环境、竞争格局、客观环境、消费群体、科技水平、传播工具都在改变的复杂环境下,忘掉过时的经验,持续学习、不断进化,是非常必要的。

客观地说,很多人其实并不是不想改变,而是以往的"惯性"太强了,导致他们很难停下来。只有不断进化,才是商业世界永恒的主题;只有主动变革,才能掌握人生的主动权。

读懂人性

经常有客户问我，经营企业最难的是什么？在我看来，经营企业最难的不是产品、不是战略，而是对人性的深刻洞察。俗话说，爬山要懂山性，游泳要懂水性，做生意要懂人性。

到底什么是人性？简单来说，人性可以从两个层面来理解。

人性的第一个层面是人的动物属性。作为高级动物，人类具备动物的一切属性。趋利避害是动物的本能，遇到危险时，会拼命逃生；遇到利益时，可能会勇往直前。"重赏之下，必有勇夫"，这是因为人们想要获得更大的利益。马斯洛需求层次理论中的生理需求和安全需求，其实就是人的动物本能。

人性的第二个层面是人的社会属性。作为社会性群居动物，人类需要在一定的社群中生存。社会和群体对人的行为有很多约束，比如说在长期发展的过程中形成的道德、法律、文化等。马斯洛需求层次理论中的归属与爱、尊重和自我实现的需求，体现了人性的社会属性。

多数情况下，人的动物属性并不明显，因为受到社会属性的约束，人的动物属性被掩盖和抑制。比如，人们会考虑周围人的看法、法律的制裁和道德的批判，因此会收敛自己的动物属性。

如果用更简单的话语概括人性，其实就是"贪、嗔、痴"，就是不断被满足而又重新生长出来的欲望。

无论是在人际交往、企业经营、客户开发还是在服务的过程中，我们都应该尽可能从人性的角度出发，顺应人性做事，同时逆着人性修炼自己。

现代管理学之父彼得·德鲁克说过，管理的本质在于激发和释放人的善意，即将人的"贪、嗔、痴"往好的方向去引导。

归因于内

商业的成败将人性展现得淋漓尽致。许多企业并非被竞争对手打败,而是自我经营不善,给了竞争者可乘之机。

然而,在多数人的认知中,更习惯于将成功归于自己的能力、公司的实力,而将失败归咎于不利的大环境、不懂合作的客户、缺乏职业素养的员工,等等。这种倾向性认知,不仅掩盖了失败的真正原因,也忽略了真正的成功经验。

客观来讲,在企业经营中遇到的问题,企业家应该承担首要责任。即便是大环境不好,作为经营者,为何不能提前洞察市场变化,及时布局和转型?归根结底,还是自身问题。员工的失误,也是管理者的责任。

优秀的经营者应该学会将成功归于外部因素,将失败归于内部因素,不断反思自身,才能不断持续提升,不断获得成功经验,避免被一块石头多次绊倒。

前些年经济的高速增长,为企业带来快速发展的同时,也掩盖了很多问题:领导能力、团队协作、产品缺陷、市场营销,甚至决策失误。

这种高速增长让很多经营者自我感觉良好,过于自信。但是当"潮水"退去后,才知道谁在裸泳。因此,"前几年靠运气赚来的钱,这几年凭本事再亏掉"的说法,不仅是段子,更是真实情况的写照。

这是因为在企业快速成长时,很少有人深入思考其中的原因,更少有人关注企业内部的各个环节。

一个企业的失败,99%的责任在于内部,1%的责任在于外部。强大的品牌离不开内部各种因素的支撑。内因是事物变化发展的根本原因,而外因则是事物变化发展的条件,外因通过内因起作用。

勇于尝试

在生命最后时刻,很多人最大的遗憾莫过于很多事情没有尝试去做。

对于尝试,无非就两个结果:成功或者失败。成功了,皆大欢喜;失败了,就要承担相应的代价。尽管失败的代价看起来很大,但实际上不尝试的代价可能更惨重。特别是对于那些本可以做到却从未尝试过的事情,遗憾带来的痛苦往往不亚于任何经济损失。

人们常常鼓励他人勇于尝试,但我从不提倡盲目尝试。勇于尝试固然重要,但更重要的是能打破思维定式,在新的认知、工具和思考的方式上进行探索。

对于经营者来说,敢于尝试是必要的,但更重要的是进行高水平的尝试并深思熟虑,不断迭代,把每次尝试转化为下一次的经验教训。

经营者不仅要有面对失败的勇气,更要有解决问题的能力,避免鲁莽行事和盲目跟从。不要害怕思考和行动,因为人的大脑和身体都是用进废退,不会因使用而损坏。

保护好自己的大脑,远离消极思想的影响,同时保持开放的心态。一个人可以年华老去,但不应变得顽固不化,自以为是;应该保持好奇心,对新鲜事物充满探求欲。

如今,太多人容易变成批评者、指责者、旁观者、评论员。无论是在生活中,还是事业上,永远不缺这样的"评论员",我们缺的是"运动员":你要亲自下场,不仅要有好的想法,还应将其转化成实际行动,并最终取得成果,这个过程才是最有价值的。

除此之外,经营者还应该有一点冒险精神,愿意为了自己的理想承担一定的风险和挑战。

倾听内心

传播学中，有一个概念叫"人内传播"，通俗理解就是自己跟自己的对话。对于大多数企业家来说，孤独是常态。他们没有倾诉对象，只能独自承受压力。

梅花创投的创始人吴世春老师在其著作《心力》中提到一个观点：影响创业者和企业家最终成功的关键因素是心力。

所谓心力，即内心的力量，通俗来讲就是心气。很多时候，做不成事并不是因为事情本身有多难，而是你的心气没有了，不再有动力去行动了。

因此，经营者要学会跟自己对话，时常倾听自己内心的声音，接受眼前的状态。不把自己的精力消耗在情绪上，调整到正能量状态很重要。心态调整很关键，因为不同的心态会导致不同的能量等级，进而带来不同的结果。

在生活中，每个人都会遇到消极的人或事。这些负能量对我们的影响甚至超过正能量。因此，我们需要融入一个积极向上的氛围和环境。

很多人常常感到纠结、焦虑和紧张，这通常是因为缺乏自信。骨子里的自信表现在行为上就是松弛感。创业者一定要对自己有信心，信心比黄金、钻石还要珍贵。相信自己的力量，并多给自己一些积极的心理暗示。相信是一种能力，也是一种力量。

掌控情绪

著名的产品经理梁宁曾经打过一个比方，人的情绪就像手机的操作系统，而知识、经验等，就好比是手机里面安装的各种应用程序，如果手机系统崩溃了，无法启动，那么即使再好的应用程序也无法发挥作用。

一个人想要取得成功，首先要学会戒断负面情绪，努力不被情绪左右。一旦情绪系统崩溃，再多的知识和经验都无法发挥应有的价值。

有人曾说过，当你看待一件事的第一反应是急于评判他人的过错，这表明你还处在本能应激反应的阶段。这时，你要思考一下它背后真正的原因。

面对任何事物，除了本能的应激反应，我们还要学会排解情绪、解决问题。要摒弃这种第一反应，就像我的团队给客户做策划方案一样，第一版方案往往都会被我否掉。因为第一反应想到的方案，别人也能想出来。所以，前两版方案我通常都会放弃，然后重新思考，这样才能深入思考模型的层面。

我曾经办过一个论坛，议题是"微气候改变大气候"，旨在表达一个细小环境的改变可能会影响整个大气候的变化。

面对无法立即改变的外部环境，每个人可以改变自己。在这个过程中，你需要明确自己的目标和行动，不要人云亦云，随波逐流，抱怨外部环境不好。虽然外部环境可能确实不尽如人意，但关键在于你如何应对。每个人在成长的过程中会遇到各种各样的问题，但是面对问题时你的独立思考和观察是什么？这是普通人与优秀的人之间的区别。

每个人都需要思考问题背后的原因，而不是被情绪左右。因为情绪一旦控制了我们，决策就会出现偏差。

我曾参加了多个顶级商学院的活动，发现每位参与者都很积极，大家都在围绕自己的目标忙碌和奔波，没有人抱怨大环境不好。很快我也被他们那种积极的氛围感染，这就是圈子的能量。

你要学会走入正能量的圈子，更重要的是你要学会自我激发，激发自己内心的力量和动力。当你处于消极、焦虑、迷茫等各种负能量遍布的环境中，要学会保护自己。这样才能在别人躺平或迷茫的时候,超越他人。

一个合格的企业经营者应该是一个情绪稳定的人。

商业世界的较量在于定力、能力与格局的博弈。高手对决往往始于气场的碰撞与内心的博弈,一个眼神交汇便足以决出胜负,无须千军万马的较量。

如何避免情绪主导决策?需构建大格局、宽胸怀、高定位的思维框架,如此方能避免因琐事动怒而消耗情绪能量。成熟经营者的特质体现为:喜怒不形于色,责任不诿于他人,顺境不骄矜,逆境不失态。正如古代箴言:"为将之道,当先治心;泰山崩于前而色不变,麋鹿兴于左而目不瞬,然后可以制利害,可以待敌。"

这些要素既是商业成功的必要条件,更是超越常规能力的核心素养。

接受失败

在创业的舞台上,成功往往被视作偶然的馈赠,而失败似乎是常态。多数人更愿意颂扬成功的故事,鲜有人讨论失败的经历,尽管多数人都可能会经历失败。但只有以平常心看待失败,才能更好地接近成功。很多人只能接受企业辉煌的一面,对企业遇到的困难和挑战却难以承受,稍有不顺就焦虑不已,陷入精神内耗的旋涡。

事实上,万物皆有周期,"人无千日好,花无百日红",出现问题是正常的。因此,要先从心理上接受这一事实,然后从情绪内耗中解脱出来,寻找新机遇、新增长点,致力于培养人才,创新产品和项目,以此推动企业发展。

创业者和企业领导者常犯的理想化误区在于,他们难以容忍任何业绩下滑或不利局面。但在商界的真实版图里,企业、产品、品牌都有其生命周期,波峰和波谷交替出现,永续上升仅为幻想。

鉴于此,那么我们要怎么去提升成功的概率?要关注未来,要有战略眼光,提前规划、提前布局。

当生意快要逼近巅峰之时,应敏锐察觉并培育第二增长曲线,探索替代产品,确保企业能够持续发展。提前布局,才能避免危机临近时手忙脚乱。

尼采曾说,一切美好的事物都是曲折地接近自己的目标,一切笔直都是骗人的。经历痛苦和拥抱失败实则是心力的增长之旅。

很多人梦想一夜暴富,正好被人利用了这个弱点,最终得不偿失。

人会在什么时候成长?其实就是在面对问题、解决问题的过程中,就跟打游戏升级打怪一样。在这个过程中,我们需要思考自己当前面临的主要任务是什么?公司面临的任务是什么?解决了这些问题,你的能力就提升了,你的价值就也会得以彰显。

但有个观念需要改变:失败并非成功的必然前提。如果不经历失败就能直抵成功,那就尽可能避免失败。经历再多的失败,也不能保证成功。

摒弃自以为是

在多年的企业辅导生涯中，我发现，多数创始人面临的最大挑战不是知识或认知上的不足，而是过度自信。特别是那些在过往创业中获得过成功的人，他们总是抱着过去的成功经验，难以接纳他人的意见。

作为企业顾问，我接触过形形色色的人。其中有一类人让我觉得无奈，这类人有个鲜明的特征：无论提出何种建议，他们要么以个人失败经历为由全盘否定，认为永远不可能成功；要么对他人的建议嗤之以鼻，不屑一顾；要么一概而论，拒绝接受。

最初与这类人接触时，不知道如何与其打交道，总感觉无处发力，特别无助，甚至感到窒息。那时我年轻气盛，总想着去改变他们，耗费了大量的时间和精力。

后来，再遇到类似的人，我会迅速逃离，不再浪费时间与其接触，我担心被他们的消极心态所影响。

还有一类人则总是贬低他人成就，看不上这个，瞧不起那个，见不得别人成功，也从不去研究成功者的特质。他们倾向于将别人的成功归因于外部因素，如关系或背景，而非努力和才能。这样简单的归因方式，让很多人把自己封闭在认知牢笼里，失去了成长的机会。

你有没有发现，越是经常读书学习的人，越是谦卑，谨言慎行，他们的成就也越大；越是不读书、不学习的人，待人接物越是绝对，无论是对了解的还是不了解的事情，不假思索，都能讲得头头是道，但实际上并没有什么成就。

正如乔布斯所说，保持饥饿，保持愚蠢。哲学之父苏格拉底也曾说过，我唯一知道的就是我一无所知。

相信专业的力量

作为品牌营销顾问，我常被问及："你们顾问公司是否也聘请顾问？"答案是肯定的，我们不仅聘请了顾问，而且不止一位。

原因何在？术业有专攻。我们愿意不惜重金请顾问，向专家学习这不仅是对专业价值的尊重，也是对自身成长的投入。况且如果连我们都不信服专业的力量，又如何让顾客信赖我们呢？

创业之初，我通过互联网平台，付费约见了不少行业精英。我记得当时约见的第一位专家，就是知名品牌专家李倩老师。

这一举措让我深刻认识到，付费是最直接、有效的学习方式。很多人遇到问题，选择自己琢磨，不仅耗时，还浪费了很多资源。小米创始人雷军曾说，90%的问题已经有答案了，找个人问一下就知道了。

记得有一次与誉鹏达的创始人韩鹏交流时，他的一番话深深打动了我。他说："我应该感谢你，我们只花了一点点钱，就得到了你这么多年的经验，这个投资太值了。"

在工作中，当我们遇到不擅长、不熟悉的领域，我们通常会邀请行业专家和资深从业者加入项目组，共同解决问题。为此，我们还成立了一个智库，邀请多位老师成为智库专家。

相对于支付给专家的费用，我们的时间、成本、机会、为客户创造的价值才是最宝贵的。传奇 CEO 杰克·韦尔奇曾经说过："如果你认为一件事很重要，就一定要为它分配足够多的时间。"而付费的行为和意愿，正是对事情重要性的认可和重视。

可见，付费是一种习惯，更是一种思维方式。亿万财富买不到一个好的观念，好的观念却能带来亿万财富。成功者懂得花钱倍增自己的时间，因为时间才是最宝贵的财富，机会才是最宝贵的资源。

很多创始人缺的不是资金，而是缺少成为富人和成功者的思维模式。免费的资源看似节省开支，实则可能让你付出更大代价。钱能解决的问题都不是问题，真正棘手的是那些用钱也解决不了的问题。

相信专业的力量，养成付费学习的习惯，把时间、精力、资源都投到更重要的事情上。

主动认错

作为企业领导者，你是否主动承认过错误？

无论是在职场还是生活中，避免犯错误是很难的，一个人越是能够坦诚地承认自己的错误，就越能得到他人的尊敬和信任。但是，如果选择撒谎或者推卸责任，遇事先为自己开脱，牺牲他人利益，就会给员工树立极坏的榜样。如果在认识到错误的同时还能从中学习，吸取教训，以身作则，不仅能让自己快速提升，还能在企业中营造愿做事、敢做事、能承担、肯改变、讲诚信的经营氛围。

作为企业的领导者，如果能正视自己的错误，主动承认并改正，就能营造一个容错、改错的环境，在这样的氛围下，错误会被正视、被发现、被改正。相反，若领导者和环境对错误的容忍度较低，就会导致相互欺骗、隐瞒，你永远看不到真实的情况。

在工作和生活中，为什么有的人会撒谎？大多数情况下，是因为他担心说出真相会遭到批评或惩罚，才选择说谎，久而久之，这就成了他们的习惯。

很多公司出现的效率低下、执行力不足的问题，多数都是因为缺乏容错机制，导致很多人不愿意及时反馈或者不敢及时反馈问题。

容错并不意味着没有原则。我的经验是把错误分成能力和态度两类。如果是因为能力不足导致的错误，我会选择包容，并愿意为团队成员的成长埋单，同时鼓励大家多去尝试、总结和复盘。但是如果是因为态度问题导致的错误，则是不能容忍的。

第一章 个人精进

第二章 战略共识

第三章 团队修炼

第四章 科学经营

第五章 杜绝内耗

第六章 品牌共建

第七章 营销创新

战略思维

现代管理学之父彼得·德鲁克曾指出，战略不是研究我们未来要做什么，而是研究我们今天做什么才有未来。

在大多数人看来，战略似乎属于企业界，尤其是大型企业的专利。但实际上，战略与每个人息息相关。每个人都应该具备一定的战略思维，并能为自己的职业生涯和人生制定战略。

战略为我们提供了行动的参考依据。常有人询问我某件事该不该做，我都会告诉他，如果对你的战略和目标有帮助就可以选择做，如果没有帮助就可以选择不做。

换句话说，一个人想要在某个领域取得成就，无论大小，只有围绕目标和战略行动，才能累积能量，取得成功。围绕战略和目标做事，是一个人避免一生碌碌无为的关键。

《小猴子下山》是一个广为人知的寓言故事。小猴子，一会儿摘桃子，一会儿掰玉米，一会儿又追小兔子，最终因为贪心和三心二意，导致在天黑时什么也没得到，只能空手而归。

这不仅是寓言，也是许多人现实生活的写照。频繁跳槽、工作之间缺乏连贯性，虽勤奋却难见成效，这正是缺乏战略思维的体现。

无论你是否身处企业的高层，都应该把自己当成一家"公司"来经营，需要有自己的愿景、使命和战略规划。这样才能不走或者少走弯路，按照既定方向驶向成功的彼岸。

不在非战略节点上浪费战略资源。对于每个人来说，战略资源是什么？一是时间，二是身体，三是能力或天赋。

战略思维教会每个人在时间和资源都有限的情况下，如何达到时间和资源的高效配置。

对于创始人和团队核心骨干来说，缺乏战略思维和全局观，即使再怎么努力修补细节，也只是战术层面的挣扎，这很难从根本上解决问题。

战略规划

在当前充满不确定和变化的商业环境中，很多人质疑战略规划的价值。

战略规划到底有没有用，以我的客户誉鹏达为例。2018年10月，我与誉鹏达展开战略合作。经过一系列调研之后，团队为誉鹏达制定了战略规划方案，得到了创始人韩鹏的认可。

当时，誉鹏达的年营业额接近3000万元。在战略规划的指导下，韩总和团队共同努力，仅用一年多的时间就把公司整体的营业额提升了4倍。这是战略规划带来的第一个显著成果。

第二个成果是关于"第二增长曲线"的探索，常言道："鸡蛋不能放在同一个篮子里。"基于这一理念我们为誉鹏达规划了一个全新的业务板块。尽管最初遭遇了许多质疑，但是韩总坚定地推动了这个项目的实施。从而形成公司业务格局：常规业务、增长业务、创新业务。

第三个成果是2022年10月提出了"全员经营、全员营销、全员传播"战略。其核心思想就是让更多员工参与企业的经营，把每位员工都变成企业的经营者。为了配合这一战略，我们还提出了相应的组织变革方案。经过这几年的实践，"全员经营"战略也获得了巨大的成功。

以誉鹏达的工程部门为例，以前该部门的任务就是安装、施工、现场管理。在"全员经营"战略提出后，工程部门积极响应并升级为工程营销部门，除了完成工程施工，还承担了很大一部分的经营任务。

"全员经营"战略实施的第二年，工程营销部门创收已经接近2000万元，这是其完成本职工作之后新增加的一项业务，而总成本并没有额外增加。这就是"全员经营"战略带来的好处。

当组织成员对战略规划的必要性存疑时，往往暴露其战略认知不够深刻。战略就是在特定的时间做出正确的选择和决策。更直白地说，就是如何发挥你的优势，避开劣势以及如何把有限的资源发挥出更大的价值。

好战略是逐步生长出来的

在很多人看来,"战略""品牌"这些词似乎已经变得不接地气。例如,人才战略、市场战略、品牌战略,仿佛只要与"战略"沾边,任何具体的业务都会立刻显得高端大气。尽管很多人常常把"战略"挂在嘴边,但实际上并不真正理解其本质。

从字面上理解,"战略"是指战争中的谋略,即在关键时刻做出的关键选择。从这个意义上说,战略就是取舍,是决定做什么和不做什么,坚守什么和放弃什么。战略是想做什么、能做什么、该做什么的交集,尤其是在面对利益诱惑时,这种取舍是非常艰难的。

真正经营过企业的人都知道,战略不是一蹴而就的,而是在发展过程中逐渐形成的。我们经常听到一个词叫"战略规划"。即便新企业在什么都没有的时候,也需要做战略规划。因为你必须选择一个方向。对于已经在运营的业务来说,要如何有效配置有限资源的问题,这个过程都属于战略的一部分。

所有那些成长型的企业,它们今天的业务与它们最初发展时的业务,可能完全不同,因为它们在不断地做出选择,可能经历了无数次地选择,最终进化为大家所看到的样子。

以某个大型跨国企业为例,它可能最初是做海带或紫菜的,最后变成了一个包含电子、汽车等业务的大型企业集团。正是这样不断地选择,最终形成了今天大家看到的业务形态和结构。

因此,战略是在不断选择的过程中逐渐发展出来的,战略是生长出来的。

组织保障

再好的战略规划，没有"人"的参与，实际上很难实现。一个优秀的战略不仅要有"人"的参与，更离不开组织的保障。

战略的实施不只是创始人的职责，也是核心团队的任务，更是每个团队成员的责任。一个团队的执行意愿、执行能力、执行效力，对于战略落地至关重要。如果没有强有力的组织支撑，战略、经营、品牌、营销都可能成为空中楼阁。

相对来说，选择一个战略并不难，难的是如何将其落地。2022年，我给誉鹏达制定了"全员经营、全员营销、全员传播"的战略规划。如何保证这一战略能够落地，什么样的组织结构才能跟这个战略相匹配，如何改变原有的组织运行体系，如何让每位成员参与到战略实施过程中，这些都是需要解决的问题。

为此，我们投入了大量的时间和精力，首先，从公司组织架构进行调整，构建与战略相匹配的组织运行体系、流程、标准等。其次，从高层、核心管理层、全体员工等层面，逐级进行战略共识和说明，以获得组织的支持和保障。

为了保障战略的落地实施，我们根据誉鹏达当时的状况，组织了核心骨干进行一对一的访谈，了解每个人的认知情况和能力水平。根据了解到的情况，举办了全员培训、核心骨干培训和研修班，以提升组织能力和思想共识。

不仅如此，我们还通过读书会、研讨会、培训会、沙龙等形式，连接供应商、客户等上下游产业链的相关成员，进行战略共识、信息传递、共同提升、标准共建，为战略落地提供外部资源和组织支持，以提升外部资源的沟通效能和供应水平。

要有清晰的战略执行路线

普通企业与优秀企业的差距在于战略执行的系统性。优秀企业具备清晰的战略执行路线，而普通企业往往缺乏系统规划，常以"走一步看一步"的方式运营，缺少明确的执行计划，呈现"脚踩西瓜皮，滑到哪里算哪里"的被动状态。

俗话说，企业经营要"看 10 年，想 5 年，做 1 年"。战略的实现需要有清晰的执行路线，且尽可能用图表、文字或图文结合的形式表现出来。

对企业内部来讲，只有能够清晰表述出来的战略才可能被认同，企业全员才能统一行动，从而获得想要的结果。

对企业外部来讲，清晰的战略表述能够获得外部支持、获取各种资源，是有效的公关内容，有助于为企业营造良好的发展环境。

然而现实中，很多企业要么没有发展路径，要么战略不清晰，抑或不懂得与团队达成共识，造成了内耗。

企业需要有系统的战略规划，对未来的规划进行清晰的描述，作为未来发展的指明灯。通过引领性的、纲领性的文件，统筹规划业务板块。

在执行过程中，所有事项都应该依照规划稳步推进，每个经营动作都能反过来支撑整个战略，累积成企业资产。

相反，如果没有战略执行路线，企业的工作可能只是在战术层面的忙碌，最终可能导致各业务板块各自为政，无法累积成战略资产。

战略共识

在企业实际经营中，很多经营战略看起来很优秀，但却难以出成果。

多数经营者会本能地认为方案本身存在问题而全盘否定。但实际上，从战略制定到落地执行到取得结果，涉及多个环节，且环环相扣，任何一个环节都可能影响方案的落地执行。

明确战略后，要进行战略解码、战略共识、战略配称、战略执行、战略检视，这是一个完整的流程。

战略解码就是将战略拆解成大家能够听得懂、看得见、摸得着、做得到，甚至能拿到结果的一整套方案。

战略实施阶段，一方面，企业需要灵活应对外界变化，及时调整经营方向和行为；另一方面，及时与核心骨干团队就调整内容达成共识。这正是在当下的环境中企业保持稳健增长的秘诀。

战略共识，是跟所有相关人员共识，不仅是与企业内部成员，还要与影响企业经营、处于经营链条上的所有资源，如供应商、服务商、社会大众、行业协会、主管机构等形成共识。

战略共识是一个涵盖内外部的系统思维，需要通过多维度、多频次、多样式、多场景进行，不仅包括"请进来"的对外传播，也包括"走出去"的对内传播。

为什么要统一战略共识以及如何统一战略共识？这是很多人关心的问题。

首先，战略共识的内容是企业的使命、愿景和价值观。使命，是及时告诉所有成员，企业要做的事情，它确保每个成员能熟知自己的职责及团队的目的。愿景，则描述了企业要达到的程度。价值观，是行为准则，指导所有成员做什么和不做什么，避免在实现使命和愿景的过程中偏离轨道。

其次，战略共识是告诉大家企业做出的选择和依据选择进行的资源配置和目标设计。即企业制定了什么战略，满足客户的什么需求，为客户创造什么价值，企业能获得什么样的回报以及如何获得回报。

最后，要告诉所有参与者如何参与、参与到什么程度、应该具备什么样的能力及获得什么样的回报，等等。

总之，战略共识过程要求全员、全链路、全系统的一致性，要有系统思维和全局思维。

还是以誉鹏达为例，我们在半年内举办了22场集中共识会（不包括其他小范围的共识会）。一方面，这为战略方案落地执行奠定了基础。另一方面，共识会提升组织的执行力和凝聚力。

无论是什么产品、策略、方案或战略，最终考验的是企业的组织能力。组织可以分为"组"和"织"两部分。"组"相对容易，可以通过招聘和利益交换等方式，把人凝聚起来；但是"织"则非常难，需要将一群来自不同地方、不同民族、不同文化、不同性别、不同成长环境、不同年龄、不同性格的人，聚集到一起共同来完成一件事。

在很多企业中，每个员工的个人能力都非常强，但是组织到一起就发挥不出各自的价值来，各种内耗和问题层出不穷。

如何解决组织凝聚的问题？多年的经验告诉我们，共识是一个有效的方法。经营企业、带动团队，实际上就是要打造思想共同体和行为共同体。

费孝通先生在《乡土中国》中提到，稳定社会关系的力量不是感情而是了解。所谓了解，是指大家接受同一意义，遇到同样的刺激会做出同样的反应。这实际上就是从思想共同体到行为共同体的一个过程。

思转品牌咨询的服务方式和服务模式也体现了这一点。我们不仅是做培训，更是通过培训达成共识。这与市面上专注于创意、设计、策划的品牌营销咨询公司有所不同。我们从经营和战略的角度出发，从"人"的要素切入，解决组织问题、共识问题、动力问题和能力问题，最终解决企业品牌和市场营销问题。

表面上看思转品牌咨询团队是在为客户做培训，实际上是在进行一场又一场的共识。如果没有全员的共识，这样的战略很难落地，因为共识、共创，才能共赢。

聚焦核心资源

为什么很多优秀的创业公司布局了很多产业却难成功？为什么许多曾经成功的企业最终又失败了？

《好战略，坏战略》一书的作者鲁梅尔特提出了评判战略的三大标准：扬长避短、战略聚焦、战术协同。

在企业发展过程中，首先需要解决的是战略聚焦问题。很多企业经营者什么都想要，却忽略了战略的本质不是"既要、又要、还要、更要"，而是"是什么、为什么、怎么办、何时办、办成什么样"。

企业经营一旦贪多求全，往往就是走弯路的开始。什么都想要，资源难免分散。大多数企业的资源都是有限的，集中优势资源往往能带来更明显的成效。比如，你有10万元的传播预算，平均分配到10个平台，不如集中投入一个平台上，以实现更深入的效果。

许多曾经成功的企业最终又失败了，虽然有各种客观原因，但归根结底还是主观因素导致的。一些企业家在没有取得成功时还保持谨慎，一旦取得成功，就会变得自负，认为自己无所不能，往往在这时候就会走弯路。

每个企业都有自己擅长的领域，在不擅长的领域，很难做出成果。因此，企业需要发现自己的长处、核心竞争力是什么，能做什么，并且始终不忘初心，围绕战略和使命进行业务组合和延展。

以思转品牌咨询的客户——闫哥包粥道为例，闫哥包粥道是闫哥餐饮旗下一个非常知名的区域快餐连锁品牌，在当地家喻户晓。闫哥餐饮除了快餐板块，还涵盖馒头房、蛋糕店等多个板块。

思转品牌咨询刚开始跟闫哥包粥道合作时，公司名字并不叫"闫哥"，而是叫"海森特"。后来在调研中发现"闫哥"这个名字在当地广为人知，而"海森特"这个名字则鲜为人知。

此外，如何整合旗下多个板块，形成合力，也是一个问题。根据鲁梅尔特对好战略的三大评价标准，我和团队为其制定了一份战略规划。

首先，我们建议将公司名称由"海森特"改为"闫哥餐饮"。起初，我们还担心客户不愿意改名字，甚至提前准备了说服客户改名字的理由。但当提出这个建议时，客户立刻同意了，这让我们感到意外。

更名，所有业务板块都统一在闫哥餐饮旗下，闫哥餐饮成为公司的统一品牌，包括闫哥包粥道、闫哥牛肉面等，形成了各板块间的统一和相互赋能，实现了规模化和品牌化效应。

其次，围绕公司战略和不同业务形态，思转品牌咨询团队为闫哥餐饮公司提炼了品牌口号（slogan）："美食、美味、美好生活"。同时为闫哥包粥道（快餐连锁品牌）提炼了品牌口号："好食材、好味道，一日三餐包粥道"。还根据闫哥餐饮公司战略和品牌调性，对"闫哥"品牌进行了整体梳理和形象统一。

因此，只有把企业的所有经营行为都放在战略的指导下统一行动，聚焦核心优势和资源，才能逐渐形成企业的品牌资产。

保持战略定力

战略定力是什么？战略定力是企业在长期发展过程中，面对复杂多变的环境时，能够保持清醒认知、坚守明确方向、做出科学决策并稳健执行的能力。其核心在于抵御外部干扰与精准认知自我的能力。

在当今这个瞬息万变的商业世界里，战略定力不仅是企业家的必修课，更是企业持续成功的基石，战略定力甚至比战略更重要。

面对浮躁、内卷的社会风气，愿意静下心来做事的人越来越少了。那些常被"割韭菜"的人，除了可能存在认知上的缺陷，更多的原因是战略定力缺失、贪巧求速、幻想"一夜暴富"。

经常会听到很多企业的高层抱怨"老板总是变，甚至三天一个主意"。客观来说，企业经营过程中不可能一成不变，但是如果频繁改变也是有问题的。企业经营过程中，很考验经营者的战略定力。

如果每个人都能保持战略定力，避免无效动作，无论是在个人成长方面还是在企业经营方面就能少走弯路。特别是在遇到困难和挫折时，人们容易怀疑甚至放弃自己的核心技能，病急乱投医，导致我们很难区分机会和诱惑。

过去，许多企业在发展过程中转向房地产，最终既没做好房地产，也忘记了主业。大多数企业在口头上强调差异化，实际上却努力做成了同质化。

企业经营者要去思考一个问题，是要稳健发展，还是要多元化，或者是跨界进入一个完全不了解的行业？每一步都充满风险，需要充分思考。

很多人缺乏战略定力，一方面是因为对战略缺乏信心，另一方面是因为企业经营的反馈周期较长，大多数人还是抱着及时满足的心态。一旦没有及时得到反馈，就会心慌意乱，忘记初心。

如何保持战略定力？

首先，要时刻牢记企业的愿景、使命和价值观。它们是企业发展的灯塔，在迷茫和焦虑时期是"醒脑神器"和"定海神针"。

其次，要坚持长期主义。想要做成一件事，必定有其周期，并不是每件事都会取得立竿见影的效果。

最后，要充满信心。

尽管企业经营的反馈周期较长，但经营者一定要对自己、团队和战略保持信心。要提高自己的决策水平、战略选择水平和团队执行水平，这一切都依赖于不断学习和提升。

以我的朋友为例，他在2024年上半年布局了许多非擅长领域的业务，结果短短几个月就亏损了数百万元。这反映了一大批传统企业在转型阶段所面临的困境：一方面不得不转型，另一方面又不知道如何转型。对于这样的企业，接下来应该怎么做呢？

首先，需要转变思维方式。不要试图用过去的经验和知识去理解现在的业务、环境、市场和顾客。

其次，要坚守主业，将业务做精、做深，做得更专业。你可能觉得所在行业已经非常"内卷"了，想跨界，但你有没有想过，你在自己的行业，多多少少还有多年积累的经验和资源，若进入任何新的行业，三五年内你都是新手，你永远是被卷的对象。进去后大概率会成为"韭菜"。

最后，要找专业的咨询顾问公司进行把脉、梳理业务。避免陷入"自嗨"或迷茫的状态。

企业文化是战略的根基

在战略落地执行中,企业文化的价值被严重低估了。

竞争战略之父迈克尔·波特曾经指出:"基于文化的优势是最根本的、最难以替代和模仿的、最持久的和最核心的竞争优势。"

在企业经营和战略实施的过程中,文化的力量是巨大的,是战略落地和企业经营的根基和保障,不同的文化塑造不同的组织,不同的组织展现不同的行为,而不同的行为则创造不同的价值。

在战略的落地执行过程中,如何将所有成员的思想凝聚起来,达成共识,并转化为共同的行为和习惯,这是文化的价值所在。

作为企业全体成员的行为准则,企业的文化是其应对竞争的生存法则。员工在战略执行过程中以什么样的姿态和心理参与,当个人利益和企业文化价值观冲突时,利益优先还是价值观优先,跟企业塑造的文化氛围息息相关。

不同的文化内核,吸引并塑造着特定类型的人才与行为模式。比如,具有容错文化,员工就善于尝试与创新;亲情文化的氛围,员工就善于合作;狼性文化的熏陶,则激发了员工的斗争与执行力。

创始人应该积极营造公司文化氛围,使每个人都成为公司文化的参与者、践行者、传播者和完善者。文化不仅要挂在墙上,更要体现在行动中。

警惕执行中的"常见现象"

在战略执行过程中，可能会出现一些被忽视、被误解的问题。例如，当战略进展缓慢时，人们往往认为这是正常现象，而这些看似正常的现象，却掩盖了真正的问题和解决问题的机会。

易到用车创始人周航分享过一个让我印象深刻的观点：如果战略推进缓慢，可能是战略本身存在问题。"如果一件事情复杂到只有少数人能完成，就说明这件事情的可复制性和执行力极差。""一个战略听起来很宏伟，但如果难以执行，那就不是一个好战略。"

一方面，许多营销、品牌、管理等方面的具体问题，其根本原因可能在于战略层面。然而，这些问题常常掩盖了战略层面的问题，人们更倾向于采取头痛医头、脚痛医脚的方法，在具体问题层面进行修补。

另一方面，战略层面的问题会在具体执行层面显现出来，表现为品牌、营销、经营管理和执行等问题。就像树叶非正常掉落，可能是树根出了问题，落叶只是树根出问题的表现之一。

作为创始人或 CEO，不应轻易放过那些司空见惯的问题。正常并不等同于正确，这可能是发现真正问题的机会。不要用战术上的勤奋来掩盖战略上的懒惰，正是这个道理。

第一章 个人精进

第二章 战略共识

第三章 团队修炼

第四章 科学经营

第五章 杜绝内耗

第六章 品牌共建

第七章 营销创新

重新定义组织职能

我从事企业品牌营销工作 17 年，深刻体会到，要想做好品牌营销，除了产品、渠道、推广、内容等基础要素，人才和团队更是不可或缺的。

当企业制定好发展战略后，如何将战略落地，考验的是组织的变革能力、适应能力、承接能力和运营效力。没有强大的组织和卓越的人才，没有高效的组织能力，企业的经营、战略乃至品牌建设等都无从谈起。

随着移动互联网和社交媒体的蓬勃发展，每个人都会通过各种网络工具、媒体平台，诸如购物、读书、社交、打车等，形成以自己为中心，独具特色的网络世界。

在数字化时代，传统的层级式、扁平式组织结构，变成了由众多个体为中心的网络交织成的更为庞大和复杂的综合网络。这种新型组织网络不再是以决策层为中心，而是以每个个体为中心；组织的职能也由传统的管理职能变成了以每个个体为中心的网络赋能；凝聚组织力量的方式也由传统的管理约束、利益捆绑转向共同的文化价值观、运行机制和维护机制，管理变成了解决运行中的矛盾和冲突。

重新定义公司、重新定义组织职能、重新定义个人能力、重新看待过往的经验，是当下企业经营者面对的挑战。

经营者面临的难题是如何从结构和运营两个维度，提高每个个体网络的效能，同时统合综效，提升整个组织的协同效能，进而完成组织的使命。

经营者需要思考如何设定公司未来的人才架构、未来的发展规划；如何才能把无数的以个体为中心的网络交织成一个大网络，保证其有凝聚力，且畅通无阻地运行。

对于经营者自身来说，如何提升，如何跟上时代的发展，特别是在新世代慢慢步入工作岗位的时候，如何与他们协同工作，如何从发挥人才效能的角度，结合企业发展的战略版图匹配资源，是值得思考的问题。

老板要亲自找人才

对于企业而言，真正的核心资源并非产品或技术，而是优秀的人才。企业的"企"字由"人"和"止"组成，意味着企业的成败取决于人。

明星企业自带偶像光环，会吸引到很多关注。对于大多数企业来说，普遍面临的挑战包括人才短缺、资金不足和资源匮乏，这些问题在企业的不同发展阶段表现出不同的特点。

对于大多数普通企业来说，网罗人才需要花更多的时间和精力。

优秀人才向来抢手，企业必须主动出击，放下身段，积极寻求合作机会。

很多老板抱怨招聘难，人才不好找。当被问到为招到优秀的人才付出了哪些努力时，多数企业负责人的回答仅仅是安排了人事专员在几个招聘网站发布招聘信息，自己则做甩手掌柜。这种做法显然很难招到真正优秀的人才。人才、战略、品牌、文化，这些关乎企业生死存亡的大事，老板一定要亲力亲为。

优秀的人才往往不会在招聘网站上闲逛，如果优秀人才还需要通过招聘网站去找工作，那么你找到的也不一定是真正的优秀人才。更何况优秀的人才往往个性鲜明，很难寻觅。正所谓"千金易得，一将难求"。

万科创始人王石在其著作里分享，他和郁亮为邀请毛大庆加盟万科，历经数年沟通，每次出差北京必提前约毛大庆跑马拉松、共享美食，多次沟通，甚至王石专程飞到新加坡跟毛大庆的老板沟通，功夫不负有心人，终使毛大庆成了万科北京的负责人。

优秀的人才是企业的核心资源，值得花时间和成本去找寻，创始人要有清醒的认识。把工资给到位，把该有的尊重给到位，人就来了。优秀的员工流失，要么是钱没给到位，要么是心受委屈了。高薪是吸引优秀人才最直接的方法。

吸引人才之道

多数创业者和中小企业负责人往往在人才招募时心存顾虑，担心企业规模太小无法吸引优秀人才。他们认为只有当企业发展壮大后，才能吸引到优秀人才和更多资源。然而，没有优秀人才的加入和优质资源的支持，企业又如何能够发展壮大呢？

面对这种情况，首先，要对自己的事业充满信心，哪怕这种自信略显执着。人与人之间的交流，更多的是感觉和能量的传递。自信的力量往往会激发出更多潜能，提升状态，而好的状态会吸引更多人的关注。

其次，弱势心理源于对未来发展的不确定性和战略思考的不清晰。即使事业尚未成功，但如果能够向他人描绘出成功的蓝图，让人信服于未来能够做大做强，这本身就能吸引一群志同道合的人。

最后，品牌建设至关重要。作为经营者，应认识到品牌的价值不仅体现在市场营销中，更贯穿于企业经营的全过程——无论是招聘、销售、融资，还是寻找供应商，都需要品牌的加持。

企业负责人应该提炼出一套用于招聘的传播内容，明确人才沟通的重点，并打造用于招聘的品牌。优秀的人才一定会看重企业的价值和未来的发展前景。

但是请别误会，自信是为了激发内心的力量，而非欺骗或画大饼。想要成功，还是要遵循客观规律，脚踏实地，按照业务逻辑，一步一步地发展。

吸引优秀人才加入，要么提供有竞争力的薪酬，要么给予足够的地位，要么用未来的发展机会换取现在的努力。如果这些条件都不具备，至少应该有真诚的态度——真诚胜过一切花言巧语。

理解年轻员工

"问渠那得清如许,为有源头活水来。"一个组织的生命力不仅在于不断学习,还在于不断有优秀人才的加入,尤其是年轻群体,他们是推动组织发展的重要力量。

然而,在许多企业负责人眼中,年轻人"难以管理""追求个性""缺乏责任感",这些看法往往源于对年轻一代的误解与偏见。管理者并没有真正深入了解他们。

首先需要改变的是观念。不能用管理"60后""70后""80后"的方式来管理"90后""00后"。我记得有一位客户找我做营销咨询时,我问他的目标客户群体是什么年龄段,他不假思索地回答说18~45岁的女性。我告诉他,这样的客群定位很难成功,因为18~45岁的女性群体实际上覆盖了"80后""90后""00后",她们不可能同时喜欢同一款产品。

年轻一代充满活力和创造力。不是他们不努力或缺乏战斗力,而是我们没有找到激发他们的正确方式。他们不仅需要可观的薪酬,还追求充满挑战的工作、舒适的环境、和谐的团队氛围、可爱的老板,以及定期的团建活动和小惊喜。

作为企业负责人,如果连"客户"的需求都不了解,却抱怨客户难以取悦,那么问题究竟出在谁身上?管理者需要不断学习,适当关注工作之外的事物,理解年轻一代的语言,这样才能畅通无阻地与他们沟通。

我曾与一位老板聊天,聊到剧本杀,他问我那是什么;聊到李诞时,他问李诞是谁;谈到脱口秀时,他又问脱口秀是什么。这样的对话就很难继续下去。当然我不是说企业负责人应该知道这些,至少他们要关注外边的世界。

许多公司习惯于将年轻人安排在非核心岗位,视其为可有可无的力量。事实上,现在的年轻人无论在见识上还是在成长环境上,特别是在需要创新和创意的工作岗位上有着天然的优势。

从个人能力到组织能力

在企业经营的初期，个人能力是关键，但随着企业的发展，必须将个人能力转化为组织能力。经营者的任务之一就是复制人才和转移能力。

华为创始人任正非曾说过，企业最大的浪费是对经验的浪费。作为经营者，应该有意识地将能力复制并转移到整个团队中。

团队能力怎么来，需要在日常的工作中手把手地教，该指导的指导，该指点的指点，该提拔的提拔。只有人才队伍强大了，企业才会真正强大起来。

俗话说，"强将手下无弱兵"，但许多企业却出现了"强将手下全是弱兵"的现象，这是因为领导者太强势，而忽视了人才培养。

没有人能直接为我们提供已经培养好的人才，即便是从竞争对手那里挖来的人才，也需要植入我们的企业文化。

如果我们没有投入心思去培养员工，没有为他们付出，他们又怎么可能为我们全力以赴呢？

每个公司都需要建立一套机制，帮助团队定期总结经验和教训，然后进行集体学习，将这些知识转化为团队的共同能力。

如何将个人能力转化为团队能力？

定期复盘是有效路径之一。通过系统化复盘，可将个人经验沉淀为标准化的知识文档，既加速个人成长，又便于团队学习与传承。随着这一过程的持续迭代，个人经验将逐步升华为团队的 SOP（标准作业程序），最终实现个人能力向团队能力的转化。

价值观的价值

小罐茶的创始人杜国楹曾经指出，营销的胜利实质上是价值观的胜利。

许多企业经营过程中之所以遭遇挫折，根源在于价值观层面出现问题。价值观是企业文化的关键组成部分，一旦企业在某些方面开始妥协，价值观的判断出现偏差，企业就会陷入困境。

价值观是企业决策过程中的重要评判标准，尤其是在经营者难以把握的时刻，依据价值观行事，通常不会出现重大失误。价值观的存在，旨在防止企业单纯追求业绩指标，避免做出短视且损害长期利益的行为。

因此，在追求业绩的同时，我们还需兼顾价值与效益的平衡。我的客户闫哥餐饮的企业文化中有一条原则：为使命而工作，而非仅为金钱。这给我留下了深刻的印象。

很多时候，虽然人们追求赚钱，但并不总能如愿。然而，当你将时间和精力投入产品的精雕细琢、价值创造和提升顾客体验上时，你会发现赚钱其实并不那么困难。

苹果公司创始人乔布斯经常向他的团队提出一个问题："如果资金不是问题，你会怎么做？"当资金不再是障碍时，你会如何行动？你会把产品做得更好，一旦产品做好了，赚钱自然不会成为问题。

把企业价值观作为经营者决策的依据和团队成员共同的行为准则，企业经营就会始终处于"安全范围"。

与核心员工共生共赢

关于员工和企业之间的关系，尤其是明星员工与企业之间的关系，人们常常争论不休，到底是谁成就了谁。

实际上，员工与企业之间的关系是共生共赢的。企业为员工提供所需的平台和机会，员工则在平台上努力工作，不仅实现个人梦想，也推动了企业发展，这种相互依存的关系，使个人与企业的生存和发展统一起来。

共赢是最终目标，是共生的结果。在现代组织形式中，员工和老板的界限逐渐模糊，合伙人的概念开始取代。大家共同搭建平台，一起经营，共同服务好客户，而我们所获得的报酬，即大家的工资和利润。

观察那些发展良好的企业，比如很多餐饮企业，往往在不同程度上采用了合伙制，它们将核心骨干甚至一线员工转变为企业的合伙人。

对于企业家来说，必须思考两个关键问题：如何让企业盈利以及如何推动企业向前发展。解决了这两个问题，企业的规模和利润就会随之而来。

那些破产倒闭的企业，无非是没有解决好这两个问题。这两个问题归根结底还是能力问题，即企业家个人能力和团队能力的问题。

作为企业负责人，要在机制上让每位成员充分发挥自己的才华和价值。在文化氛围上，要营造一种相互依存的氛围，让每个人都愿意在平台上快乐地奋斗。在分配方面，要及时兑现对员工的承诺，不空谈理想，不开空头支票，让员工能够安心地奋斗。

企业的组织建设并没有那么难，关键是一切围绕经营和目标。怎么能实现目标，就怎么做；不适合或阻碍目标的，就想办法改进，直到能够实现目标为止。

企业家要做的就是激发每个人的潜能，让每个人都愿意为企业的目标服务。企业家不需要自己努力，而要让所有人都努力。要有奋斗机制，还要有分钱机制。员工与平台、公司的关系是合伙关系，要打造利益共同体、事业共同体和命运共同体。

招聘的本质是自我营销

人才是一种稀缺资源，优秀的人才更是如此。招聘本质上是企业自我营销的过程。优质资源通过市场机制实现有效配置，流向能够使其价值最大化的地方。人才也是如此，他们会选择能够使自己价值最大化的平台。

很多时候，人才的获得是可遇不可求的。这不仅需要他们被正确地发现，还需要双方有共同的意愿和目标，才能达成合作。

企业在寻找合伙人或招聘员工时，实际上是在进行一场营销活动。企业需要竭尽全力展示自己的优点，哪怕是微小的亮点也可能打动人心。即使企业当前表现不佳，但如果未来发展前景良好，或者企业领导者给优秀的人才留下了良好印象，那么招聘就有可能成功。

营销的"营"意味着谋求，企业需要谋求如何吸引所需的资源和人才。

许多人抱怨招聘越来越难。面对这样的抱怨，我会直接反问：你到底为了招聘做了什么？

我有一个朋友为了找到优秀人才，甚至"伪装"成网约车司机，每天在大厂附近接单，借此机会与乘客交流，了解他们的工作情况，是否有换工作的意愿。

企业中高层合伙人往往不是通过传统招聘方式获得的，而是通过营销和感召。这是一种有针对性的、直接的感召和磨合过程。

作为顾问，我听到老板提及频次比较高的话语，除了"生意不好做了"，就是"人不好招了"。无论是企业还是人才自身，首先要明白，人才是资源，而且是重要资源。市场经济中资源怎么流动，人才就会怎么流动。

为什么"头部"企业有吸引力？因为它们能将资源价值放大。优秀的人才为什么会选择留在某个企业？因为企业能帮他把能力和价值放大。

企业经营者要思考如何将人才价值最大化，招聘就是人才资源配置。人才是吸引来的。招聘是一场面对人才的自我营销，营销是把产品卖给意向客户，招聘是把企业"卖"给目标人才。

都说一流的招聘卖的是思想,二流的招聘卖的是梦想,三流的招聘卖的是公司,四流的招聘卖的是职位。当然,任何招聘都不应该是空谈,优秀人才应该得到相应的高薪。

不仅要打造面向人才的品牌,还要以品牌为"抓手",一方面,吸引优秀人才加盟;另一方面,让已经加盟的人才留在企业中。

增强企业团队凝聚力

费孝通先生在《乡土中国》提到，稳定社会关系的力量不是感情而是了解。

对于一个企业来说，如何提高团队凝聚力，打造有凝聚力的组织？在于促进企业与员工、员工与员工之间的相互了解。

如何才能增进了解？建立共同的意义体系：集体学习，建立思想共同体；集体行动，建立行为共同体。

集体学习是建立共同的意义体系的基础。集体学习，除了学习专业知识、工具方法等，最重要的，也是往往被忽略的，就是学习企业文化。

如何通过集体学习提高团队的凝聚力：

第一，建立团队共同的愿景。共同的愿景不仅是一种理念，更是人们内心强大的愿力。共同的愿景就是要在事业上找到共鸣。

第二，让每一位员工了解企业的使命。企业存在的价值就是为了解决社会问题，解决社会问题就是企业的使命，要让员工都清楚为什么要聚集在一起，目的是什么，是为了共同解决社会问题，共同去创造价值，大家只是岗位分工不同。

第三，让每一位员工清楚利润产生的路径。让团队成员明白企业赚的每一分钱都是我们去帮客户解决问题的回报；要让员工关注企业的利润，时刻想着企业的经营目标。

第四，建立统一的做事标准和方法，确保团队行动有序，思想统一，提升整体执行力。

除了集体学习，还要集体行动，包括集体做事、集体出游、集体运动等。集体行动是将集体学习的成果落地的有效方法，在集体行动的过程中，不仅可以理解并强化集体学习的内容，形成统一的思想认知，而且可以在集体行动中建立团队的默契，增进相互之间的了解。

企业文化要落地

德鲁克先生认为：每个组织，都有自己的事业理论。一个正确而又清晰、一致和聚焦的事业理论，其实是极其强大的。要想取得成功，任何一个组织都必须确立这样一个理论。一套清晰的事业理论，帮助企业时刻聚焦发展方向。

组织实际上可以拆分为"组"和"织"两个部分，"组"就是把人聚合到一起，短暂的聚合是容易的，但是"织"实际上是一个长期凝聚的过程，是非常有难度的。

在企业实际经营中，企业文化就是一套非常实用的事业理论。然而多数老板、团队成员会认为企业文化是虚的，虽然多数企业墙上都贴着企业文化标识标语，但是说一套做一套，导致多数企业成员也认为企业文化是"洗脑"的。

企业文化不是"虚的"，企业文化是真正能帮助企业解决发展中的实际问题的。企业文化不是华丽辞藻的堆砌，而是从实践中来，到实践中去，在指导实践的过程中，不断完善丰富起来的。

文，是思想、理念、价值观、行为准则，是思想层面的内容；化，是转化、落实，是行为层面的内容。我们常说的企业文化，一是指企业的经营思想、经营理念，二是指将企业的经营思想、经营理念落实到日常经营行为中的过程。

在企业文化中，使命就是告诉团队每位成员，大家从四面八方聚集到一起是为了什么，要做一件什么样的事情，愿景是表明这件事做到什么程度，而价值观表明如何去做，哪些事情能做，哪些事情不能做。

企业经营管理，从内部来看，实质上就是要建立一个习惯共同体，而习惯共同体的建立，依赖于共同的思想认知。

对外来讲，既然企业存在的价值是不断帮助社会解决问题。首先要弄清楚解决谁的问题、解决什么问题、如何解决问题。

企业文化是统一的思想和行动纲领，是认知的基础，是管理和凝聚的核心工具。企业文化是企业面对社会变化而形成的生存法则，是企业长期发展过程中沉淀下来的规则、经验和精神。

降本增效≠裁员

在企业经营过程中，降本增效经常被提及，也被大多数企业所推崇。但是这中间有一个非常大的误区：一提到降本增效，就想到裁员，其实降本增效并不等于裁员。

对于企业来说，除非万不得已，否则不要轻易裁员。企业的经营使命，除了对客户创造价值，还有对内创造价值，后者更是企业家的社会责任。

我见过很多企业，其愿景和使命都非常宏大，不是拯救地球，就是拯救人类，但是看不到一条内容是关于照顾员工的。这种企业往往都做得不好。

总体来说，企业为社会创造就业、为员工提供岗位，本身就是企业的价值和社会责任。企业对外实现宏大的愿景和使命需要依靠员工，照顾好员工才能更好地服务客户。

每位员工背后，都承载着家庭的希望与责任。他们的工资单不是简单的数字累加，更是生活支撑，所以不要轻易裁员，这也是一个企业家的社会责任。没有一家企业是因为给员工发工资而倒闭的。

表面上看，裁掉几个人好像工资、社保成本省下来，可是留下的人，整天人心惶惶，每天处在担忧自己被裁的情绪中，没有人再去安心工作。

裁员之后，本来需要10个人才能完成的工作，被压给5个人去做。表面上看好像也能完成，但是问题在于，很多事情如果员工忙到没时间思考，没时间认真工作，那么工作的效率和品质就会下降。

事实上，降本增效的关键是杜绝浪费、提高效率，而不是动不动就裁员。人是企业最宝贵的资源，要把员工当宝，当成企业的核心资源，而不是累赘或可有可无的要素。企业要真心去关爱每位员工，把员工当平等的合伙人，因为没有人愿意被人当工具，也没有人愿意被利用。

当然，关爱不是溺爱，更非放纵。真正的关爱是基于信任与放权，是希望员工成长，也是坚守原则下的严格要求，更是恨铁不成钢背后对员工潜力的无限期待与信心。

消除团队"内耗"

企业的经营者应该思考一个问题：降本增效到底降什么本、增什么效？

多数人理解的降本增效就是削减采购、物流、运营等成本，提升运营效率，却忽略了一个核心要素：沟通效率与传播效能的提升。

比如很多企业的日常经营中，经常会出现老板讲的管理层听不懂、管理层讲的员工听不懂，久而久之变成巨大的沟通障碍、传播障碍。尤其是很多大型企业，总部发一个指令传到市场终端，可能一个星期就过去了。很多机会都被浪费掉了，因为机会都是有"窗口期"的。

因此，企业内部要注重沟通效率，要建立内部沟通和传播的体系。

第一，建立从上到下，从老板到员工的沟通体系，要关注体系是否顺畅，否则会造成巨大的资源浪费。

第二，建立从下到上，从员工到老板的沟通体系。如果这个通道不畅通，老板永远是被"蒙在鼓里"，永远得不到真实的市场情况和真实的企业运营情况。

第三，建立横向的沟通系统，跨部门之间的沟通。

我走访过很多企业，发现一个特别有意思又特别悲催的现象，就是很多企业部门之间横向沟通存在很大的障碍。

比如说A部门内部，平时大家互相看着不顺眼，存在各种小圈子、小团队，内耗非常严重，但是B部门要找A部门来合作时，你就会发现A部门这些原来相处不太和谐的人，立马团结起来，跟B部门去对抗。最后A部门齐心协力，把B部门挤对走了，A部门又重新四分五裂，内耗重新产生。

建立横向的沟通体系，最重要的是企业文化和机制，从企业文化上让大家愿意合作，从机制上保证畅通无阻。比如，我的客户誉鹏达的企业文化中有一条理念就是帮助营造横向沟通的氛围和认知的：亲情合作、粉碎自私、联合经营、协同发展。

第四，要关注企业内部和外部的沟通，建设"从内到外"和"从外到内"的信息沟通渠道，不仅要把企业内部的信息、理念、产品等，传递给包括供应商、合作伙伴、客户、社会大众等群体。还要关注他们真实的反馈能不能回到企业内部来，有没有正常的渠道能够收集外部信息，保证信息到达相关部门，为企业决策提供依据。

这在传统的媒体时代，并不太好实现，但是在社交媒体时代，完全可以借助社交媒体，为品牌建设和企业经营，提供双向互动的通道。

特别要强调的就是社交媒体的评论区，它能帮企业解决非常多的问题，经营者要时刻去关注评论区有没有人留言，有没有人吐槽，甚至有没有人投诉。

要学会把社交媒体变成企业的经营工具，通过社交媒体把外部资源囊括进企业经营体系，把你的受众、客户变成产品的设计者和传播者。

传统的企业经营方式是在工厂里、实验室里设计产品，当下的企业经营可以通过社交媒体，把客户拉进来参与产品的设计，跟企业一起设计出真正满足客户需求的产品，要从经营和效率的角度去看待社交媒体。

打造核心团队

对于企业经营来说，再好的战略，最终需要人来执行，解决不好"人"的问题，再好的战略规划也"赢不了"。

战略的第一责任人是创始人、CEO，第一责任团队就是整个核心团队，也就是核心干部。作为第一责任人，如何打造核心团队，要关注以下几个问题：

很多公司的危机来自核心骨干的缺失。比如一个企业要开几十家连锁店，其实根本不可能实现，别的不说，这几十个店的店长从哪里来。

首先，作为企业家要懂得培养自己的核心骨干。一个团队的凝聚力来自"左膀右臂"的号召力。一声令下，团队骨干要振臂高呼、要响应，而不是说各种牢骚话，一旦团队里有一两个不和谐的声音，很快就会蔓延开来，导致没人行动。

其次，重视与核心骨干的战略共识。在企业管理中，战略确定后，"干部"的执行力是关键。企业需将战略准确传达至核心骨干，并通过持续沟通达成深度共识。实践证明，管理层与核心骨干的互动越密切，团队的战略理解越一致，组织凝聚力与执行力就越强。

最后，作为企业经营者要给团队做好榜样，同时还要在团队中树立榜样，榜样的力量就是言传身教，通过实际行动带动团队成长。培养"左膀右臂"实际就跟培养孩子一样，他会模仿你的行为，你是积极的，团队就是积极的，你是消极的，团队也会消极。你的行为是正向的，在团队可能反射一倍、两倍，但是你的行为是负向的，在团队里面可能会有成百倍上千倍的投射。

因此，企业家要充分授权，激发团队潜能。信任与授权是团队成长的关键。唯有承担责任，成员才能获得真正的成长；唯有实践历练，能力才能持续提升。管理者的信任度与团队的自驱力成正比——授权越充分，成员的信心就越强，执行意愿也越强烈。

那些沦为"孤家寡人"的管理者，往往源于一个共性失误：未能通过授权培养核心骨干。真正的领导力，在于让团队在责任中蜕变，而非事必躬亲。

放弃单打独斗

当下的企业经营是团队制胜而不是单打独斗。

想要团队好,就要网罗、吸纳、培养更多的人才。

一个优秀创始人的重要职责,除了找钱,就是找人,找优秀的人。要有组建团队的意识,不能单打独斗。

首先,要先找到志同道合的合伙人。

这点非常重要,宁缺毋滥,道不同不相为谋,不将就,不凑合,拿出最真诚的态度、最严厉的标准、对未来的规划和对事业的充分思考,开诚布公地跟合伙人谈。

经常听人说,跟对的人在一起连空气都是香甜的。跟不适合的人合伙,不仅会为未来埋下隐患,还会对你造成极大的情绪消耗。

考察合伙人要先看人品,再看特质,最后看能力。能力不够可以学,但是人品有问题、缺乏成功的特质很危险。成功的特质是什么,比如主动做事的意识和态度,合伙人不积极主动,会牵扯很大的精力,跟招聘一个普通员工没有区别。

其次,要找到核心骨干。

核心骨干在团队创建中,起到承上启下的作用,核心骨干不一定是能力最强的人,但是一定是最欣赏你、最信任你的人。这个其实有点难,多数人其实见不得别人比自己好。多数人喜欢锦上添花,而不是雪中送炭。

最后,是基层员工。

基层员工的招募可以发动合伙人、核心骨干共同参与。允许基层员工比核心骨干更优秀,用欣赏的眼光去看待周围的人,让更多有能力的人加入团队。

作为经营者,一定要秉持开放包容的心态,培养更多人,让更多有能力的人,甚至比你优秀的人,加入企业与你共事。

不要被"企业元老"拿捏

很多企业团队建设面临一个棘手问题：优秀的人才进不来，平庸的人又淘汰不了；很多优秀的人才因为老板的人格魅力加入企业，但在日常工作中又因为直属高管的问题被迫离开。

在这种情况下，如何确保企业人才"蓄水池"始终有人，并培养出企业需要的后备人才力量？根据我在辅导企业过程中积累的实战经验，建议成立一个创新事业部，由创始人亲自带，手把手进行指导。这样可以避免各种原因导致的人才留存和成长的问题，同时确保他们对企业文化有更深刻的理解。人才培养成熟后，可以安排其到相关部门锻炼。

至于创新事业部何时发挥作用，有两种典型情况：一是"元老级"骨干成为企业发展的制约因素，又因为各种原因无法更换时；二是中层管理者制约基层管理者成长时。

另外，创始人在带团队的过程中，不要有执念，不是每个团队成员都想要成功，也不是每个人都会成功。让花成花，让树成树，无论你怎么努力，灌木丛也长不成参天大树。优秀的人才是自己主动跳出来的，关键在于提供竞争的平台而不是单纯的选拔。

第一章	第二章
个人精进	战略共识

第三章	第四章
团队修炼	科学经营

第五章	第六章
杜绝内耗	品牌共建

第七章

营销创新

打造现代公司治理结构

公司治理结构其实不应该出现在一本有关品牌营销的书中。但恰恰是公司治理结构的问题，决定着企业品牌的生死存亡。

经营是一家企业的核心动作，品牌营销的成功首先是企业经营的成功。我们见过太多企业因为股权结构的问题、利益分配的问题，股东之间对簿公堂、亲人之间反目成仇的例子，给企业造成了巨大的内耗，甚至元气大伤，分崩离析。

在我的职业生涯中，曾担任过两家公司的董事会秘书，系统掌握了公司的经营流程。现代化的公司治理结构对企业发展至关重要，尤其是对民营企业或者家族企业。

企业作为一种组织形式，实际是各种资源、利益、人员的集合体，企业经营活动就是通过一定的运营规则让资源产生更大的价值，同时对各方利益进行再分配和平衡的过程。公司治理的首要任务是设计有效的股权结构和顶层治理机制。这是企业长期发展的基础。

首先大多数企业在股权问题上存在"无意识"。即缺乏对股权设计及其重要性的认识。其次是"不好意思谈"。中国人在利益面前都比较含蓄，稀里糊涂地就开始合作。最后属于能力盲区，即使认识到股权的重要性，也因能力有限而设计不当。

公司治理要有明确的经营章程和议事规则。要明确股东会、董事会、经办会相关的权责利、运行规则等。讲明白谁说了算非常关键。多数企业忽视了经营章程的价值，所谓的经营章程仅在注册时应付了事。

公司治理也要考虑商业模式、竞争策略、并购、投融资等方面的问题，是一个非常复杂的系统。作为企业经营者，应该学习《中华人民共和国公司法》，邀请第三方的咨询公司提供帮助，尽早解决问题，避免内耗和破产。

总的来说，企业经营涉及资源、利益、机制、标准和规则等要素，而最大的挑战就是人性。因此就更需要一套机制来激励和约束人性。

如何不被时代淘汰

如何不被时代淘汰？这一命题看似宏大，却直接关乎企业与个人的生存发展。商业浪潮奔涌向前，唯有顺应趋势者方能立足，逆势而行者终将被淘汰。

海尔创始人张瑞敏曾说，没有成功的企业，只有时代的企业。任何企业的发展只有跟时代的趋势结合起来，才能获得不竭动力。

很多企业经过数年沉淀，虽具备了一定的发展基础，但接下来的 5~10 年如何为社会、客户创造价值，如何发展，如何发挥自身优势，如何更好地服务客户，如何凝聚全体成员的思想，成为亟待明确的问题。

如何不被时代淘汰？

首先，作为企业负责人，不去洞察外面的世界，没有战略思维，其实就是失职，是对自己不负责任，对企业不负责任。顺势而为是一种智慧。

其次，企业负责人要与时俱进，随时随地更新自己的认知和行为。

最后，要调整心态。

许小年教授曾表示，我国的经济已经持续高速增长了 30 多年，在现代经济史上已经相当难得，它不可能再这样高速增长几十年。现在放慢步伐，是一个非常自然的过程，是符合经济学原理的。

今天大多数成功的企业，得益于经济高速增长和趋势红利，对能力的要求相对较低。未来，企业创始人应该调整好心态，顺应时代的变化，调整企业经营的思路和策略，学会并接受赚慢钱的现实。

另外，关注企业的创新和生存能力。

品牌寄生于企业之上，企业成功，品牌才有可能成功。对于中小企业来说，首要目标是生存。

当同质化竞争加剧时，除了产品创新，还要在管理和品牌方面下功夫。管理旨在提高运营效率、降低成本，品牌则是为了抢占心智、建立认知。

将企业的日常经营活动上升到与国家战略、社会价值、客户需求相关的层面，锁定企业达成独特的经营使命所需的核心能力、产品组合等，帮助企业确立新阶段的经营战略，明确经营方向，为企业经营、团队共识、品牌传播奠定基础。

如何不被客户拿捏

在企业经营过程中，很多人表示对客户"既爱又怕"，尤其是那些 ToB 类型的企业，不知道如何跟客户相处。我的经验是：提供价值，但坚守原则。

在一次前往太原的商务之旅中，我计划与一位潜在的合作伙伴会面。我们事先沟通了见面的时间和地点，但抵达后，对方因工作原因推迟了行程，并告知了我预计的返程时间。随着约定日期临近，再次确认时，他又一次因工作繁忙而需要延迟一天返回。考虑到彼此的时间安排及对合作的重视，我们决定将会晤顺延一日。然而，到了最终约定的日子，尽管我已主动询问是否已到达太原，却未见其回复关于会面的具体事宜，于是我选择了离开。

这件事给我的启发是：企业制定的经营原则，该坚守的还是要坚守。在 2019 年之前，我们公司制定了一条经营规则：除非签订合同或者至少达成合作意向，否则不会直接拜访客户或提供任何售前服务。

在疫情期间面对业务受到挑战时，为了弥补一些被迫暂停的业务空白，同时也让内心更有安全感，我们就渐渐降低了标准：只要客户有意愿见面，无论是否有明确的合作意图，我们都会跟他见面。我们当初制定的那一条经营规则就没有人再去坚守。

在企业经营过程中，制定好的既定方案尽可能要坚守，否则你会受到很大影响。但是说起来容易，做起来难。在实际经营企业的过程中，会遇到很多难以抉择的时候，比如你要业绩、要利益，还是要坚守你的原则？特别是当这些原则，跟你的企业业绩相互矛盾的时候，你到底选哪一个？

那么多的企业在产品质量、经营方面出问题，其实核心是价值观方面的问题，就是经营者没有坚守价值观，没有去坚守他的道德准则，最后导致企业出现问题。

很多人跟我探讨，在做企业辅导、战略咨询、品牌营销咨询过程中，最难的事情是什么。

其实最难的事情不是具体业务层面的，最难的事情是对于人性的把握。因为人性太难捉摸了。

老祖宗有言，法不轻传、道不贱卖、师不顺路、医不叩门。该坚守的原则要坚守，但实际的情况是什么，就是多数经营者经常走着走着，就忘了自己为什么要出发，甚至是当遇到一些困难、遇到一些问题的时候，会怀疑自己。

所以，作为经营者，一要坚守企业价值观，坚守经营准则；二要坚持长期主义，因为各行各业其实都是剩者为王，前提是能为客户提供价值。

坚守原则并非冷漠拒客，而是以专业态度甄别需求：既要真诚理解客户诉求，更要确保有能力提供真实价值。这种选择虽会流失部分客户，却能沉淀出高度契合的优质伙伴。

从表象而言，这是服务策略的优化；从本质而言，这是企业战略的升级——通过重新定义客户价值，完成在市场生态中的精准定位。真正的商业智慧，在于用原则筛选出值得长期服务的对象。

科学理解企业经营

在谈经营之前，我们先梳理一下"经营"的概念。在实际工作中，许多企业的负责人对经营的理解可谓五花八门，甚至很多企业负责人其实不懂经营，有人会表示不服："我企业一年营收几亿元，我能不懂经营？"

一年营收几亿元，不代表真的理解且真的懂经营。一年营收几亿元是如何获得的、能持续多久、如何变成几十亿元，等等，都是经营需要解决的问题。

经营含有筹划、谋划、计划、规划、组织、治理、管理等含义。无论是营销的"营"还是经营的"营"，都是"谋划"的意思。

实际上，企业经营就是根据企业的资源条件和所面临的市场环境，对企业长期发展进行战略性规划和部署、制定企业的远景目标和方针的战略层次活动。它解决的是企业的发展方向、发展战略等问题，具有全局性和长远性。

从经营的含义来看，经营是一项长期的工作，企业经营绝不是拿几个订单那么简单，而要站在更高的维度去思考、系统筹划企业的发展。

经营的第一个板块是分析和思考。

首先，要认清自我。要对经营者自己和企业的资源条件进行盘点，如利用SWOT分析法进行系统分析，对自己及企业有一个客观公正的认识。

其次，是对市场的环境进行宏观分析和研判，如利用PEST分析法，对外部环境进行分析。

最后，综合分析。我通常是把PEST分析法、SWOT分析法和迈克尔·波特"五力模型"组合起来使用，从而找到企业想做、能做、该做的内容。

经营的第二个板块是规划设计。

这个板块实际上就是要根据第一个板块的分析思考，对要做的事情进行总体布局、战略规划，就想要实现的目标进行资源配置、列出相关的计划。

经营的第三个板块是组织实施。

在日常经营活动中，组织实施就是把规划、计划执行落地的过程。大家想要的成果会出现在这个环节，比如业绩、市场占有率、客户群体等。但是制约这些成果的原因却在前两个板块。

大多数的企业经营实际上只停留在第三个板块，忽略了前两个板块或者根本就没有前两个板块，这也是造成企业经营困难，做不好品牌营销的原因之一。

经营就是让自己更值钱

对于企业来讲，经营是第一位的。企业经营成功了，品牌才有基础，也才有可能成功。企业不成功，品牌连生存的根基都没有。

创始人做事情要围绕一个核心目的：如何更好地经营企业，让企业有更好的发展。

相对于企业经营来说，是否需要聚焦、是否需要多元化、如何定位等问题，其实非常简单，怎么对经营有利，就怎么来。在实际经营中，许多企业经常头疼医头、脚疼医脚，就某个问题修修补补，这样永远无法从根源上解决问题。

经营的标准很明确：生存和发展。这是企业经营的最高标准，也是最低要求，先生存再发展，以发展促生存。

刚创业的经营者经常会走入一个误区：到处连接资源，找人谈合作。当你的企业规模很小，没有形成自己核心竞争力、没有拳头产品或技术的时候，先要学会沉淀自己。

经营企业跟做人一样，当你对别人没有价值的时候，别人不会轻易找你合作，你主动找别人合作很多时候也是以失败告终。

因此，在自己不够强大之前，多花些时间好好打磨自己，一个企业最好的产品是自己，最好的案例是自己。当我们把自己打造好了，自然会吸引客户主动来跟我们合作。

明确经营目标

有一次,马拉多纳来到中国,记者在采访中问道,你认为中国的球员跟你之间有什么差距?马拉多纳说,优秀球员和他这样的球王之间最大的差距,就是他比那些人更想赢。

企业在不同阶段,有不同的使命及战略,企业整体的品牌布局、品牌调性会随着战略和目标的变化而转化,并不断迭代。

当企业处在区域品牌推广阶段,那它的目标可能就是成为这个区域内大家熟知的品牌。当它逐渐向全国或者全球发展时,则可能需要跟全国或全球的传播体系、话语体系对接。

经营者时刻要关注目标。每个人都有工作,都有生活。但其实很多时候生活的目标依赖于工作的目标。我们要居安思危,关注人生的目标和工作目标。

核心骨干要清楚自己的人生总目标,不同时段的分目标是什么,以及如何完成这些目标。

企业一定要有明确的经营目标,不要隐藏自己的商业目的,越直接,越是有客户埋单,越是遮遮掩掩,客户流失的速度就越快。

有目标、有具体的计划,才有达成目标的可能性。没有目标的经营活动就是浪费资源。

经营就是围绕着目标进行资源配置、人员分工、流程优化、组织协调等一系列活动,确保目标顺利达成。

"降维打击"不如"升维打击"

很多经营者常提及"降维打击",但说起来容易,做起来难。"降维打击"不如"升维打击"。

战略学家魏斯曼曾说过,一个问题的解决总是依赖于与问题相邻的更高一级问题的解决。

蔡钰在其课程中曾说过,你想钓鱼就不能只盯着鱼,想看懂经济也不能只看经济。我们要注意外部驱动力的存在,才能更好地理解事情为什么会发生,以及如何演化。

企业在解决业务拓展的问题时,需要跳出具体问题,从更高的维度寻找解决策略或关键点。

众所周知,营业额等于客户数量乘以客单值乘以购买次数。因此,想要提升营业额,不能只关注营业额本身,而应设法提高客户数量、客单值和购买次数,至少提升其中之一。

如何提高客户数量?需要在产品、服务和体验上下功夫,同时提升品牌知名度、扩大影响力,吸引客户关注,促使其购买。我们跳出问题来看,问题的核心是客户的购买行为。但首先,我们需要吸引客户的注意力。因此,我们应该将关注点放在吸引注意力的环节。

目前来讲,核心诉求的关键解法实际上都需要依赖于品牌影响力和知名度。有了更多的关注和影响力,才能有更多的转化、成交。

成交转化的核心解法在于影响力,而影响力来自知名度,知名度来自可见度,就是我们在多少个场景下、在多少媒体平台上能够被看到,被看到才有可能被关注。

做好经营者的"基础功课"

我每次去太原出差,都要打卡当地一家油泼面馆。这家面馆的生意非常火爆,不管是堂食区还是外摆区,每次去了都要排队。

我一直在思考这家店到底为什么会成功?要说服务吧,其实店家压根算不上有多周到,多数情况下顾客自己找位置、自己摆桌子、自己找凳子、自己点餐,甚至有时候凉菜小拼盘也是自己去拼。

难道这家店没有服务员吗?有服务员,但是基本上也就是在你点完餐之后,他帮你从后厨拿餐再放到桌子上而已。店里的招牌菜,在摆盘方面别说精致了,可能在普通小店老板的眼中,连过关都算不上,但是为什么这家店的生意一直那么好呢?

如果只是一两次赶上这么火爆的场面,可能是偶然现象。但是我是从2018年10月开始,到这本书稿完成(2024年9月),这六年间,我几乎每个月都会去这家面馆打卡,每次都要排队。我问了很多朋友,大家一致的回答是好吃。我自己也思考为什么我愿意去这家面馆,的确是因为好吃。

然而,人们往往喜欢追求各种新方法、新思路、新模式,甚至总想一夜暴富,却忽略了核心产品打造和核心价值提供,最后往往事与愿违。

但是国内外有些企业,其所提供的服务不能说有多好,但生意做得依然很好,因为它要么产品足够好,要么价格足够便宜,足够满足消费者的需求。

所以,对于一家企业来说,如果没有核心的产品,没有满足消费者的需求,只是在所谓的服务上面去花心思,虽然也无可厚非,但是生意却不一定能做好。

在企业经营过程中,要立足于自己的实际情况,避免盲从,应挖掘出自身优势。

比如你是做餐饮的,你要分析,你的核心产品到底是什么?是主打有品质、有服务,还是以品质为主,弱化服务。如果你的产品能做得特别好,其实服务可以弱一些。如果产品不好,服务又不好,那这样的生意很难做下去。

企业经营要做好"基础功课",做好核心产品。服务是加分项。如果连核心产品都没做明白,就去追求所谓的加分项,其实有点本末倒置。

发动全员参与经营

"全员经营"作为战略,在我的客户中已经实践了5年多,都取得了不错的效果。起初是因为客户公司人员有限,想要完成更高的经营目标需要制定一个解决方案,想办法调动大家的积极性,我想到了"全员经营"这个策略。

在翻看菲利普·科特勒等所著的《营销管理》一书中"建立以客户为中心的现代组织架构"这个板块时,发现书中构建了一个从客户——一线员工—服务经理—高级管理层,这样一个一环套一环的组织架构时(我把它命名为全员组织架构),我就思考,这样的组织架构应该服务于什么样的战略呢?

我想到了"全员经营"。如何在企业内部实施"全员经营"战略?必须匹配全员组织架构。只有这样,才能真正起到作用。

2022年10月,我率先在誉鹏达公司年度战略规划会上提出了"全员经营、全员营销、全员传播"战略,同步推动组织变革,落地实施全员组织架构。

实施"全员经营"战略,一方面是外界经济形势所迫,无论是个体还是组织,运行方式都要发生变革;另一方面是为了支持"全员营销"和"全员传播",推动品牌营销增长。

"全员经营、全员营销、全员传播"战略在誉鹏达实施1年,效果非常好。2023年我又将"全员经营"的战略和策略,在客户闫哥包粥道(区域快餐连锁品牌)试运行,同步实施组织变革,推动品牌营销增长。

"全员经营"是什么?通俗地理解就是全体人员参与企业经营。"全员"范围很广,不仅包括企业的员工,还包括上游的供应商,下游的合作客户、消费者等,只要是跟这个企业有关系的人,都属于全员的范畴。传统火车头式领导依赖个人,风险集中;动车组模式则让每节车厢(成员)自带动力,分散风险,激发集体智慧,实现高效协作。

"全员经营"战略,可以调动所有的力量助推企业经营,让每一个人参与经营,创造效益。同时,也向大家传递了一个重要信息:只有把企业经营链条上的每个环节都做好了,企业经营才能真正做好。所以"全员经营"既是企业的经营战略，也是一次战略共识。

"全员经营"可以将"以客户为中心"落到实处，以客户为中心不只是营销部门和客服部门的事，更是全公司从上到下大家共同的事。要么直接为客户创造价值，要么为直接创造价值的部门提供支持，参与价值创造，把公司每个部门、每个人变成公司的利润创造者。

比如，前文提到的誉鹏达的工程施工部门，以前负责做好工程施工，在"全员经营、全员营销、全员传播"战略提出后，该部门在做好本职工作的同时，承担起了营销和传播工作。因为该部门在一线能接触很多外部资源，所以创造新的价值只是"多说一句话"的事。"全员经营"战略实施的第二年，誉鹏达工程部门的营销额达到 2000 万元，不仅实现了营销目标，还传播了品牌价值。

另外，从客户服务的角度来讲，"全员经营"战略其实有点像八爪鱼每一条触手上的吸盘，组织中的每个人都像八爪鱼触手上的吸盘一样发挥作用，每个人都为客户服务，每个人去关注客户的需求，这样客户的满意度才能落到实处。从企业经营获客角度来讲，就是客户只要碰到我就"跑不掉了"。

"全员经营"战略到底好不好？

首先，全员经营，增加了经营的动力，力量更大，成功的概率就大了。

其次，全员都参与经营的时候，可能内耗、拖后腿的就少了，沟通的成本就降低了。

最后，增加了跟客户的接触点。过去客户只接触个别营销人员，现在接触一群团队成员，接触点变多了，而接触点多了之后，客户了解企业、关注企业的点就多了，成交和转化的概率就变大了。

定价是经营智慧

著名经济学家曼昆在《经济学原理》一书中表示，价格战这种市场竞争手段有杀伤力强、短平快的特点，因此被广大厂商所青睐，在一些特定的行业更为普遍。

前沃顿商学院教授张忠也曾公开表示："中国客户对价格非常敏感。通过降低价格，你可以获得更多的销售收入。在中国，无论何时，你只要降低一点价格，你就会赢得大批的客户。"

市场和消费者对于价格的敏感度非常高，尤其是在终端，产品价格上涨2分，很多消费者可能就不购买了，但是降价2分，就有人排队。

定价其实就是比较好的定位工具，企业确定了一个价格，实际上就圈定了一个消费者群体。

有很多教定价的著作，但是很多人依然学不会。定价的哲学其实很简单，就是要保证经营链条上的每个环节都能挣到钱，要打造一个完整的价格生态。

很多企业走入了误区，把价格压到最低，目的是让消费者得到好处。虽然出发点是好的，但是如果销售渠道和终端没有利润，他们就不愿意销售这款产品，即便价格很低，消费者也很难买到。

比如，那些便宜又有效的感冒药，很难在药店买到，因为太便宜了，药店赚不到钱，他们就不愿意卖，要么不进货，要么堆在不起眼的角落里，也没有人愿意给消费者推荐。

也有很多人觉得价格高利润就一定高。事实上，街边的小茶饮店价格虽低，但可能会比商场里高端茶饮的毛利高。

定价的方法有很多，核心原则是"共生共赢"。

没有标准化，企业做不大

对于企业经营者来说，如果想把企业做强做大，首先要标准化。

为什么要标准化？因为标准化才可以复制。没有标准化，企业做不大。

标准化有两大板块：标准产品和产品标准。企业如何做标准化？首先要制定严格的产品标准。

其次，定期进行复盘和经验迭代。

据说，消费者在国外某餐厅用餐的时候烫伤了嘴。消费者就把这家餐厅告到当地法院，法院判消费者胜诉。这家餐厅随后就对出餐的温度制定了标准。从某种程度上来说，品牌都是"吃亏"吃出来的。每次"吃亏"都是一次完善标准的机会。

我服务的餐饮连锁企业就有非常严苛的标准，比如八宝粥熬制时间、餐具消毒时间、出餐量、加餐时间等，都有明确的标准，这样连锁门店运营管理才更容易成功。

还有一个餐饮业客户说，新员工在盛餐时总是掌握不好盛餐量，盛少了顾客不满意，盛多了成本就增加了，而且顾客吃不完还浪费。每次店长开会都强调按照标准盛餐，也不断培训，但是依然杜绝不了问题的发生。后来我就给他们建议，不要只告诉员工应该怎么去盛餐，给他做一个标准的盛餐工具，不管谁来盛餐，都能保证是一样的。

你看传统的中餐为什么难以复制，主要是很难做到标准化，比如说糖少许、盐少许，大火、中火、小火，很难界定。

中国营养学会建议，成年人每天摄入食盐不超过 6 克，但是 6 克是多少，相信多数人是没有概念的，后来有人说 6 克就是一啤酒瓶盖儿的盐量，这就具象多了，再后来敏锐的商家就生产出来调味盒，炒菜时按一下出来的就是 3 克盐，这样更好掌握了。

再比如，很多火灾发生的原因是线路或插线板老化。但是什么时候老化，怎么样才算是老化，好像没有一个具体的标准。直到后来有一个人说，评判插线板是否老化，就是你插拔插头时，它容不容易打火，如果它频繁打火，就说明它老化了。

虽然我没有核实过这个说法是否科学，但总算是有个参考依据了。所以我会定期检查插线板会不会打火，只要它频繁打火，就说明应该更换了。

有了标准，你就知道应该怎么做，要有标准产品和产品标准。尤其是对于很多耐用品，客户在什么时间要换新，什么时间该升级，需要给客户明确的标准，这样才会形成复购。

例如奶茶店的制作人在奶茶制作过程中，摇五下还是摇三下，都是有标准的，店员如果不按照标准制作，可能会影响口感。

标准化是经验迭代的重要方式。在日常工作中，一些能够固化下来的东西，比如流程、制度、经验、文化等，就把它固化下来。

假以时日，可能是三年，可能是一年，就会形成一套标准体系，形成标准产品和产品标准，可以确保人效和能效更高，最终形成一个系统，从而驱动整个生态发展。这就要求企业在日常工作中，把好的东西沉淀下来，持续改善，最终形成标准化。

比如，某知名快餐连锁品牌最初只有几家店，他们的加盟代理合同只有三四页纸。但是当他们发展到一两百家店的时候，经营合同、标准操作手册、流程等用 A4 纸打印出来后，摞起来有 1 米多高。

该品牌的负责人介绍说，一开始经营的时候没经验，三四页纸还觉得多，但在发展过程中，遇到了很多预想不到的问题，解决完每个问题之后，就把解决方法作为一项标准写到上面，后面就形成了一套标准操作手册。

另外，建立团队的核心是"人才复制、能力迁移"，这都需要标准，有标准才可以复制。为什么很多行业消失了、技能失传了，一方面可能年轻人不喜欢，另一方面是它很难教会，靠师傅口传心授，特别考验人的悟性。但是每个人的悟性又不一样，师傅的表达能力也不一样，最后导致很多技艺失传。

如何提升运营效率

迈克尔·波特在《什么是战略》一文中提到，取得卓越业绩是所有企业的首要目标，运营效率和战略定位是实现这一目标的两个关键因素。运营效率意味着通过相似的运营活动能比竞争对手做得更好，效率更高，企业可以因运营效率获得巨大优势。

运营效率提升，主要指在企业现行的组织条件下，通过科学管理、精细化运营，不断优化各个流程、环节，提高资源利用效率，确保企业经营效率提升。

迈克尔·波特认为，只依赖运营效率的问题在于，运营效率的最佳实践太容易被模仿，流程上的改变和优化是大家都能关注到的。

除了运营效率，还应该注重结构效率，通过优化业务结构、商业模式、战略选择、组织变革、人才训练等方式，提升企业的经营效率。

从总体上看，结构效率的提升大于运营效率，能够带来更大的效益增长。比如普通火车再怎么努力，也赶不上高铁的速度。这不是说普通火车"不努力"，而是由它本身的结构决定的。

所以作为经营者，还要关注结构效率。比如餐饮企业，要关注菜品的组成——主菜和副菜搭配、特色与非特色搭配、荤素搭配、带汤与不带汤搭配，以及分量、口味、餐具、装修、文化等结构性问题。这样既提高了点单效率，又能提升客户体验；既为请客的人节省了钱，又让被请客的人吃得满意，双方的情绪价值都得到满足，客单价、满意度、回头率自然就提升了。

很多中餐馆的菜品，每一道单独来看都很好，但是放到同一桌上，就显得乱七八糟，毫无品位和美感。再加上餐具选择时只追求单件美感，而没有考虑到整体搭配，特别是很多异型餐具，一个盘子就占了桌子 1/4 的面积，其他菜上来就只能摞在一起。

服务员摆盘时，叮叮当当半天找不到放盘子的位置，既影响了客户用餐，又干扰客户沟通。如果包间装修品位再差一些，大家可以脑补一下画面——谁会愿意来用餐呢？像这种情况，不论你怎么培训服务员、让大厨研发新菜品、推出促销活动，都不会有明显的效果，因为核心原因在于结构层面、在于顶层设计。

　　德鲁克曾指出，效率是"以正确的方式做事"，而效能是"做正确的事"。效率不仅是单位时间内完成的工作量，更是如何最有效地使用社会资源来满足人类的愿望和需求。

关注经营中的"跑冒滴漏"

对于许多企业经营者来说，他们常常为营业额和毛利率的提升而苦恼。尽管影响毛利率和营业额的因素众多，但对于绝大多数企业而言，这些问题往往是经营管理过程中对细节的忽视导致的。

以我最近访问的一家大同刀削面馆为例，其店面环境优雅，刀削面味道好且价格实惠。然而，面馆的布局却存在一些问题。

面馆门口正对着的是点餐台，它的优点是将核心主打产品以大图形式展示出来，但有一个细节被忽略了。

在进门左侧，有一个放着饮料的冰箱和一个红色的类似菜单的招牌，上面除了主打产品，还列出了许多可添加的小食材，如卤蛋、烤肠、豆腐皮等。了解餐饮业的朋友都知道，饮料和这些小食材反而是高毛利产品。如果顾客在点刀削面的同时，增加一瓶饮料或一些小食材，营业额和毛利就能快速提升。

遗憾的是，这家店的经营者并未注意到这一细节。实际上，只需进行小的调整，就能显著提升营业额：将冰箱门朝向进门方向，让顾客一进门就能看到这家店还可以为顾客提供饮料；同时，将红色招牌放置在主推产品图片下方，或放在顾客右手边的显眼位置。这样，顾客在点餐的同时，可能会顺便加购一瓶饮料或一些小食材，从而迅速提升其营业额。

我们常说，"名牌看边角，成功在细节"。往往影响营业额和毛利的并非大问题，而是这些被忽视的小细节。

履行社会责任也是经营

很多企业负责人都有一个认知：等企业做大了，再去做公益、履行社会责任。实际上，履行社会责任也是企业经营的一部分。

其一，按照现代管理学之父彼得·德鲁克提出的企业社会责任理论来看，企业的核心使命在于解决社会问题，而每个社会问题背后都隐藏着商业机会。德鲁克强调，企业应当在其特定的领域内，通过其独特的资源和能力，为社会问题提供解决方案，从而实现商业价值和社会价值的双重提升。

无论是从公共关系的角度还是从企业社会责任理论的角度出发，对于一个企业而言，只有主动承担社会责任，将自身发展与时代需求和国家战略紧密结合，在追求经济效益的同时，也追求社会效益的增长，才能实现自身的长远发展。

企业积极履行社会责任，不仅是企业道德的体现、企业长期竞争力的来源，也是建设品牌的重要组成部分。它能够帮助企业建立起与消费者、社区、政府和其他利益相关者之间的积极关系，增强企业的市场地位和社会影响力。

其二，从公共关系维护的角度来看，社会责任不仅能够帮助企业获得社会各界的认可，还能为企业的发展赢得良好的口碑和经营环境。在这种理解下，社会责任成为企业公关策略的重要组成部分，有助于塑造企业的正面形象，并在公众中建立起信任。

另外，从企业经营的角度来看，在追求经济效益的同时，还需兼顾社会效益，包括履行社会责任和体现企业精神。

通过创造就业、增加税收、保护环境、推动科技进步、弘扬与传承文化等方式，企业家才能真正实现企业价值。企业作为商业组织，只有将自身发展融入社会进步，与国家繁荣、民族复兴、人类发展的进程同频共振，才能获得持续发展的不竭动力和精神支撑，实现企业长青与永续经营。

把客服电话当成经营工具

作为企业经营者，提到客服电话，你会想到什么？投诉？麻烦？找事？害怕？你应当改变这种认知了。

一个企业的客服电话是其与外界联络的重要渠道和沟通窗口，对于解决客户投诉、收集用户需求、修复信任等方面至关重要，客服电话是企业的经营工具。

然而很多企业的客服电话只是摆设，要么电话永远占线，要么客服背话术应付客户，或者机器人客服答非所问，流于形式。当然，企业也不会对客服人员专业性提升投入资金。

"嫌货才是买货人"，其实站在客户的角度上去思考，客户之所以投诉还是对该企业"抱有希望的"。

专业的客服服务正是解决客户问题，再次建立信任，为企业营造口碑的良好渠道。

当下，多数企业都面临着增长的难题，其实增长并不难，除了那些致命的硬伤问题，多数企业只要把每件事情做好、做到位，产生真正的价值，增长就来了，比如用好客服电话。

那么企业如何利用好类似于客服电话这样的"窗口"或工具呢？

第一，转变观念，别怕客户打电话，客户是来帮助企业成长的。

第二，设置明确的经营目标，注意是经营目标，不是工作目标，不是打了多少通电话，而是解决了多少问题，给公司创造了多少价值。

第三，要跟客户沟通，注意是沟通，而不是机械地背话术。我之前买过一个智能电茶炉，使用时出现问题，就是专业技术人员回复的，给我留下了深刻印象。除此之外，我接触过的能切实解决客户问题的企业在线客服还有苹果和华为的。

第四，培养专业的客服人员，而不是话务员。

第五，设身处地站在客户的角度去解决问题，切不可一副事不关己的样子。

第六，老板要重视、决策层要重视客服电话。投诉电话可能为你反映真实的情况，作用可能大于经营例会上的 PPT。

一个企业的客服电话，反映的是企业对内的经营管理，以及对外的客户服务和危机处理能力。

把客服电话当成企业对外展示的窗口、用户与品牌的触点、意见收集的渠道、客户投诉的通路、信任修复的工具，这才是客服电话的价值。

善用"外脑",少走弯路

多数企业经营者可能需要重新建立一个认知:企业在发展过程中离不开"外脑",即顾问的支持,企业本身和"外脑"需要发挥双方各自的优势,共同解决企业经营发展中的问题,双方是利益共同体。

"外脑"的第一个价值就是能够给经营者及时的反馈。

很多时候,"外脑"或许没有办法告诉经营者这个事怎么做,但能指出哪些做法不可行,比如如何优化流程、降低成本,让企业运作更顺畅。

"外脑"的第二个价值就是经常从不同的维度向经营者提问题,促使他们深入思考。

例如,我们现在在哪里(企业的现状、市场地位、竞争优势是什么)?我们要去哪里(未来的目标是什么,是否清晰)?我们如何到达那里(现有的战略是否足够,是否需要调整)?等等。

"外脑"的第三个价值就是从百业中帮你找到参照的标杆、方法和依据,让企业少走弯路,规避损失和风险。

企业的成功是综合经营的成功,既要遵循经营逻辑,具备经营的能力,又要学会借用"外脑",少走弯路。

培育企业的增长动力

企业、品牌和产品都具有生命周期。经营者的核心职责是引领企业穿越周期。要实现这一目标，从长远发展角度而言，必须坚持扬长避短，培育推动企业持续发展的核心能力，方能为长期稳定发展奠定基础。发掘并强化企业持续增长的核心能力，正是企业经营的关键职责。

那些经营成功的企业是如何实现持续增长的呢？

第一，使命和愿力。企业的使命和战略是随时间迭代的，不同阶段的使命也不尽相同。许多创业型企业和中小型企业，创始人往往是为了改善生活条件。随着企业的发展，当涉及众多员工及其家庭时，企业的责任从最初的个人目标转变为更广泛的社会责任，甚至上升到民族大义。

第二，趋势。当企业赶上了时代红利或顺应大趋势时，就能快速增长。不过，这种情况企业要思考，当机会消失后，如何实现可持续增长。

第三，团队。创业初期，企业发展主要考验创始人的能力，随着企业进一步发展，则要考验整个团队的能力。一个人竞争不过一支队伍。

第四，产品和技术创新。企业通过创造独一无二的产品或技术，更好地满足客户需求，进而实现增长。

第五，系统。经营管理系统在大型企业、跨国公司、连锁企业中较为常见，如麦当劳、肯德基、星巴克等，它们通过系统化运营来推动企业持续增长。

第六，企业文化和价值观。通过企业文化或价值观来推动企业持续增长，这跟责任使命相似，但其范围更宽泛。

实际上，企业的增长并非由单一因素推动，而是多种因素共同作用的结果。许多昙花一现的企业未能持续发展，关键原因在于没有找到持续的增长推动力。

上述六种推动企业增长的力量，都是站在企业角度来考虑的，但归根结底，企业的发展实际上是由消费需求推动的。需求不仅是推动商业发展的动力，更是推动企业增长的根本动力。

从资产累积角度做企业经营

从企业经营的角度来看，资产累积至关重要。时间是企业、品牌最坚实的护城河。在历史的长河中，每天都是筛选的过程，淘汰那些不够优秀的，保留那些真正有价值的，最终塑造出最美好的形态。

对于企业经营者而言，资产、品牌、客户、人才、系统等都是逐步累积起来的，这些都需要时间的沉淀。因此，我们不应急于求成，也不应在遇到挫折时轻易气馁。将企业经营放在一个更长的时间维度上去考量，能够帮助我们保持一个良好的心态，而心态的好坏直接影响能力的发挥。

无论是生命的深度，还是职场的经验和智慧，都是逐步积累的结果。稻盛和夫先生认为，工作即修行。优秀的企业家，每天都在成长，每天都在磨砺自己的能力和心性。

我们不能期望今天播种，明天就能收获，这违背了自然的生长规律。成长需要时间，需要坚持长期主义。

每个人都应秉持长期主义，不急不躁，不慌不忙，避免将情绪和精力消耗在无序的忙碌中。静下心来，专注做好每一件事，循序渐进，日复一日，终将收获人生的丰硕成果。

根基不牢，地动山摇。许多人所做的事情，其实是没有未来的，如同空中楼阁，缺乏坚实的基础。曾有一次刮大风，许多大树被连根拔起，它们只有侧根，没有主根，可能是从别处移植来的，根基不深，一场大风就能将其摧毁。而那些看似弱小的树，因为它们是一点点成长起来的，树根扎得深，所以能够抵御风暴。

因此，一时的成败、得失、高光与低谷，都不是决定性的。人生是一点一滴积累、成长的过程。企业追求的不是短暂的胜利，而是持续的、长久的成功。

正如流水不争先，争的是滔滔不绝，企业争的是长期的胜利。

多一些客观，少一些"自嗨"

许多企业的经历让我深刻体会到它们在经营中面临的困境：在非核心领域过度投入，不仅耗费资源，还可能导致企业失败。每个人都有自己的强项和弱项，企业也是如此。我们不应盲目涉足不熟悉的领域，而应发挥自己的优势，避免短板。

在进行品牌延伸、定位和扩展时，市场需求是重要的参考指标。在当前竞争激烈、市场供过于求的环境下，经营者如果仅凭一时冲动就贸然进入某个行业，很可能会创业失败。

这种现象在初创企业中较为罕见，但在已取得一定成就的企业中却屡见不鲜。许多企业的失败，并非因为强大的外部竞争，而是因为在取得一定成功后，领导者开始认为自己无所不能，什么都想尝试，结果却因力不从心而拖垮了企业。

电视剧《天道》中有句台词："想干什么和能干什么是两回事。"这就像有的企业不擅长电商，有的不擅长社交一样，想干和能干是两回事。

究其原因，一是缺乏明确的战略，二是缺乏战略定力。战略是关于如何发挥优势、规避劣势、集中资源的问题。而战略定力则是关于如何坚守战略，不被其他诱惑所动摇的问题，明白自己不该做什么与明白自己该做什么同样重要。

大多数企业并非被竞争对手打败，而是自己给自己制造了麻烦，给了竞争对手可乘之机，最终导致了失败。

摒弃个体户思维

中小企业在发展壮大的过程中，最大的障碍往往是创始人的个体户思维。许多中小企业可能是从个体户起家，在成长过程中，创始人往往会不自觉地将个体户的思维方式带入企业经营和发展中。

并非个体户思维本身有问题，而是企业在不同的发展阶段需要与之适配的思维方式。个体户思维容易限制创始人对企业战略的把握、对企业宏观视野的审视，甚至影响其对市场的理解。

那么，如何摒弃个体户思维呢？

我给许多企业的建议是，将"五化"作为公司治理的目标：职业化、标准化、公司化、品牌化和数字化。

职业化。要求团队具备职业的思维、素养和行为。

标准化。企业要想实现持续发展和规模复制，就必须实现标准化。

公司化。企业应具备现代企业的组织结构和治理结构。

品牌化。企业要想提升市场竞争力，就必须走品牌化发展之路。

数字化。未来的商业、企业和组织运营管理将深度依赖数字化，通过数字化系统实现高效管控。

得意之时找出路

企业经营如人生，不仅要追求"一时成功"，更要追求"一直成功"。

任何一个企业、任何一个行业，都存在生命周期。许多企业之所以走入死胡同，最终业务失败，是因为没有关注周期性规律。

企业应在第一业务增长乏力或增长正处于鼎盛时期，就应该开始布局第二业务。当第一业务遇到瓶颈，进入衰落周期时，第二业务就开始发力。

以我目前服务的许多企业为例，我在其业务最鼎盛时期就帮助经营者思考：当业务达到峰值后开始下滑，甚至可能快触底时，应该怎么办？我们会研究第二业务，在第一业务受到影响时，第二业务可能已经具备一定规模，从而顺利实现第一业务和第二业务之间的衔接。

企业的业务结构应包含常规业务板块、增长业务板块和创新业务板块，至少有三条线并行发展。可能第一条线正处于鼎盛时期，第二条线才刚刚开始成长，第三条线还在思考中，这样企业就能不断穿越企业或行业的生命周期。

许多企业在战略方面可能忽略了一个关键点，即没有及时思考其业务的未来布局。

在得意时寻找出路，失意时才有退路。

小企业不要盲目学习大企业

许多中小企业一开始就想模仿大企业的做法。但很多人并不真正理解这些做法背后的根本逻辑。比如很多企业模仿海底捞的服务，如果不关注其背后的支撑体系，如员工薪酬体系和内部文化，很难学到其真正的精髓。

在羡慕大企业今天的成就的同时，我们更要思考和学习其成长的过程。

中小企业如何向大企业学习呢？有一种方法叫作"还原法"，即将大企业还原到它们当年的情境中，看看它们遇到了什么问题，做了什么选择，最终得到了什么结果，这是值得学习的。

但如果我们在创业初期就模仿大企业的做法，其实是不科学的。大企业做一件事可能动辄投入几千万元甚至上亿元，即使这笔资金最后打水漂了，也不会影响它们的生存。但对于中小企业来说，犯错误的机会可能只有一次，甚至很多企业连一次都折腾不起。因此，中小企业不要轻易模仿大企业。

要学会用"还原法"，将大企业还原到与自己的企业相匹配的阶段，看看大企业在那个阶段做了什么，遇到了什么具体问题，决策者是如何决策的，整个团队又是如何执行的。只有这样我们才能从中获得启发和借鉴。

另外，必须承认，没有一家企业的成功是可以完全复制的。企业可以借鉴他人的模式，但不要复制他人的做法。

学会洞察本质

很多企业都羡慕大企业，认为其很厉害，纷纷前去参观学习。"很厉害"是一个表象，并不是大企业厉害的原因。

其实一个企业的成功离不开以下几个要素的支撑：

第一，庞大的消费群体（人口规模）。

一家企业成功的时候，不能忽视其背后的消费群体。在一些三、四线城市，起初有很多24小时营业的饭店。但是后来24小时营业的店面在不断缩减。因为夜间用餐人数太少，营业额还不够支付成本。

假如某个在一线城市爆火的餐厅，放在一个三、四线城市，还能不能持续盈利，这个问题值得思考。就像外卖平台的发展，离不开中国众多人口超过200万人的城市。

第二，对消费需求的洞察与满足。

如果说庞大的人口数量很重要，那么为什么大城市也有经营不下去的餐厅？因为人口只是基础，关注人的需求才是核心。满足消费需求，是商业的本质，也是企业成功的核心因素。

第三，强大的战略定力。

很多成功的企业，实际上也走过"弯路"。尤其是在现在巨大的品牌影响力之下，外界的"诱惑"有多多，可想而知，稍微"头脑发热"可能就偏离了战略路线，必须保持战略定力。

第四，不断提升的经营管理能力。

我这里所说的经营管理，包括产品、推广、营销、管理、团队建设、组织等多个方面。一是对于产品的实践和思考，如饭店如何既保证效率，又保证好吃。二是管理团队每年会花费巨资出去学习，而且还请了专业的老师担任咨询顾问。三是组织架构，通过数字化工具提升团队沟通效率。四是注重品牌建设与传播。

从一个企业经营的角度来讲，不只要关注业绩，还要关注业绩背后的支撑，比如人才梯队、组织能力、运营效率、发展战略、文化等。

科学看待创新

现代管理学之父彼得·德鲁克曾经指出,营销和创新是任何企业都拥有且仅有的两个基本职能。企业若想发展、想要获得利润,首先需要做好营销,其次是必须不断创新。

对于企业而言,创新的难度极大,风险极高。企业创新并非目的本身,而是实现目标的一种手段。

诺贝尔经济学奖获得者约瑟夫·熊彼特认为,如果企业不进行创新,就只能获得社会平均利润,而无法获得超额利润。因此,企业必须不断地进行创新。

企业是否需要创新、何时创新、什么企业适合创新,这些都需要根据具体情况来把握和衡量。这实际上是一个系统工程,需要具体分析。

此外,想要创新就需要营造一个允许失败的空间,让创新没有额外的负担。迪士尼 CEO 罗伯特·艾格曾说,如果你做事的出发点是对新兴或未经测试的事物的恐惧,那么创新就无从谈起。这意味着企业需要建立一种鼓励尝试和容忍失败的文化,毕竟失败也是创新过程中不可避免的一部分。

创新不仅是产品或服务的创新,它还包括商业模式、管理方式、组织结构、市场策略等多个方面的创新。企业需要识别和把握那些能够带来竞争优势和市场机会的创新点,同时管控有可能因创新带来的风险。

在实际经营中,企业可以通过以下方式来促进创新:

第一,营造创新文化,鼓励团队成员提出新想法,并为其提供实验和实施的空间。

第二,开展外部合作。如与供应商、客户、研究机构等进行合作,共同探索创新机会。

第三,合理投入研发。不断探索新技术和新方法,以保持企业的竞争力。

第四,积极关注市场趋势。对市场趋势保持敏感,及时调整战略以适应市场变化。

第五，培养创新领导力。确保企业决策者能够识别和支持有价值的创新项目。

虽然创新是企业持续发展的关键，但也需要谨慎、科学地开展。通过建立合适的机制和文化，激发创新活力，同时也应控制相关风险。

放弃情怀，回归商业本质

如何处理创业者的情怀与商业经营之间的关系？

在创业过程中，情怀往往是许多创业者最初的动力和灵感源泉。然而，当情怀与商业现实发生碰撞时，我们必须认识到，商业世界是复杂且竞争激烈的，消费者最终是为了满足自己的需求和欲望而消费，而不是为了成就创业者的梦想。

许多创业者在找我们进行咨询的过程中，喜欢强调自己的产品或服务背后的情怀故事，这本身无可厚非。但是，如果创业者将情怀作为企业运营的核心，而忽视了市场需求、产品竞争力和商业模式的构建，那么企业就可能陷入困境。没有可持续的营收和利润，企业就无法生存，更别提发展。

我经常建议创业者暂时将自己的情怀放在一边，转而深入研究和理解目标客户群体的真实需求。也就是要深入了解消费者的心理、行为和偏好，以及他们尚未被满足的需求。从而开发出真正符合市场需求的产品或服务，实现商业成功。

我们并非否定情怀的价值，而是强调情怀不应成为企业发展的唯一驱动力。成功的企业家在回顾创业历程时，常会分享他们的情怀和故事，但这些故事往往是在他们取得显著成就之后才被广泛传播。当他们不再为日常运营的基本问题（如员工工资、企业成本等）所困扰时，他们才更有底气去讲述情怀。

对于大多数创业者来说，每天面临的是如何支付房租、水电费和员工的社保等基本开销。在这个阶段，过多地谈论情怀而不解决实际问题，不仅无助于企业发展，还可能分散团队精力，削弱企业的核心竞争力。

创业者应该尽可能地在情怀和商业现实之间寻求微妙的平衡。他们应该将情怀转化为对产品和服务的深厚热情，并确保这些产品和服务能够满足市场需求，为企业带来稳定的营收。只有这样，企业才能在竞争激烈的市场中生存下来，并实现可持续发展。

明确事业理论

企业在经营过程中，到底应依赖什么来指导企业经营呢？

华与华公司的创始人华杉老师曾说过，企业经营需具备三大要素：事业理论清晰；经营逻辑成立；价值观正。

那么，有没有一个通用的指导理论，可以用在不同的企业。作为品牌营销咨询公司，我也斗胆将指导自己事业的三大核心理论分享给大家。

一是社会学家马科斯·韦伯讲的：人是悬挂在自我编织的意义之网上的动物。

因此，品牌传播与建设的本质在于帮消费者构建意义体系，使其成为丰富消费者人生的"道具"，赢得消费者对品牌的信赖。

二是马克思的观点：人的本质是一切社会关系的总和。

商业世界包含于社会关系中，其核心要素是人，商业现象背后的本质是人与人之间的关系。

三是战略学家魏斯曼讲的：一个问题的解决总是依赖于与问题相邻的更高一级问题的解决。

相较于品牌、营销，更高维度的问题是经营和战略。经过对企业经营和战略的深入探究，再看品牌、营销，视角就完全不同了。许多人谈论降维，而我实则在升维。

思转的服务思路是采用全局视角，先理解客户的整个经营体系，再聚焦于特定点。这样，从宏观到微观就有了联动，形成了一个系统，而非孤立的点。这个过程是从点到线、从线到面的转变。当我面对市场时，我代表的是一个全面的视角。因此，从这种系统性服务的角度看，部分4A广告公司或咨询策划公司的服务模式与之存在差异。

对于每位经营者而言，都应该找到并明确企业的事业理论体系，便于系统经营，也可以更好地与团队达成共识。

老板要学会"踩刹车"

无论是墨菲定律还是海因里希法则，它们都强调了风险管控对企业的重要性。企业如果能减少错误，就能活得更久；品牌如果能减少错误，就能经营得更长久。如果决策频繁出现问题，那么企业的生存期很可能也会受到影响。

无论面对什么样的客户，在合作伊始，我传达给客户的第一个关键理念就是学会风险管控。我会强调，一个好的企业的经营者，你不仅要会"踩油门"促使企业去增长、去发展，更重要的是知道在什么时间"踩刹车"，什么时间应该停车思考。其实一个优秀的企业顾问更是这样，不仅教会经营者如何"踩油门"，更让其懂得何时"踩刹车"。也正因如此，很多客户规避了很多经营中的风险，实现了企业的稳健增长。

为了提升风险管控能力，降低决策出错的概率，企业经营者可以从以下几个方面着手：

第一，保持战略定力，优化决策流程。减少不必要的决策，保持战略上的稳定性和连续性，避免频繁变动带来的不确定性和决策失误。其实有很多成功的企业，其决策成功概率高的原因就是尽可能不决策或者少决策，这背后考验的其实是战略定力。

第二，提升风险意识和敏感度，建立风险预警系统。在做出重大决策前，进行全面的风险评估，识别潜在的风险点，并制定相应的应对措施；建立健全内部控制体系，确保业务流程的合规性和效率；制订详细的危机管理计划，在危机发生时能迅速响应；通过建立有效的风险预警系统，及时发现问题并采取行动，防止小问题演变成大危机。

第三，建立风险管控和预警文化。在企业内部培养风险意识文化，鼓励相关人员识别和报告潜在风险，并且具备一定的风险处置能力，应对随时出现的危机。

第四，学会分散风险。通过多元化投资和业务布局，分散风险，减少对单一市场或产品的依赖，也就是通常所说的鸡蛋不要放在同一个篮子里。

第五，持续学习提高决策质量。通过数据驱动的决策过程，提高决策的科学性和准确性。鼓励企业持续学习最新的风险管理知识和技能，适应市场变化。

客观来说，企业在经营过程中，出现错误和风险难以避免，企业最终的成功，一定是风险管控的成功。企业犯错的次数越少，企业就活得越久；企业决策的次数越少，企业犯错的概率就越低。

做个合格的经营者

很多人在不具备创业能力的情况下，就盲目走上了创业之路。每位创业者需要完成角色的转变，即在原有基础上增加一个定位，将自己定位为经营者。

如何才能做个合格的经营者？

第一，具备系统思维。

没创业之前，我们可能只负责链条上的一个环节，现在要关注整个经营网。要关注纵向、横向，要有全局思维和系统思维，关注企业运行的方方面面。

第二，具备成本意识。

要关注时间成本、运营成本、沟通的成本，要考虑质量和标准，更要关注利润。

第三，具备责任意识。

经营者在追求经济效益的同时，还应当对员工、企业、社会和国家承担一定的责任，综合考虑社会效益。

第四，具备效率意识。

经营者要关注目标、关注重点，这样经营才会有效率，经营效率高了成本就相对摊薄了。

多快好省

我认为"多、快、好、省"这四个字不仅是一个出色的宣传口号,更是一种高效的企业经营策略,值得所有经营者学习。

首先,来谈谈"多"。

我对"多"的理解,不仅仅是产品种类繁多、服务项目多样,更重要的是满足消费者多元化和个性化的需求。"多"与"聚焦"并不矛盾,它们的侧重点不同。

其次,说说"快"。

"快"代表的是效率,对外是对消费者的承诺,对内则是对自我的要求。"快"的背后是一套完整的系统,它体现了企业对效率的重视。效率提高了,成本相对降低,消费者的体验感也会随之提升。

再次,看看"好"。

"好"代表的是品质,是对品质控制的承诺,也是对内部品控体系的要求。我们要追求更高的产品质量和更优质的服务。

最后,聊聊"省"。

"省"不仅是省钱和省时间,它还代表了降低沟通、传播、搜索等阻碍消费者下单的交易成本。低价是基于供应链优势,通过降低运营成本和提高运营效率来实现。低价本身不是优势,只有低成本支撑的低价才是真正的优势。

方向不对，努力白费

许多经营者赚不到钱，并不是因为他们不努力，实际上他们非常勤奋。但问题是，他们的努力似乎没有用在关键的地方。

以我经常出差太原时住的一家酒店为例，这是一家全国知名的连锁酒店，因为离我工作的地方近，所以我每次出差都选择这里。

近两年，许多酒店的生意都不太好，这家酒店也在不断寻求突破。前几次入住的时候，他们在装修，前台、楼道和地毯都焕然一新。最近一次去的时候，我发现他们增加了一个自助洗衣房。尽管他们做了很多努力和改变，入住率并没有明显改善。

他们努力改变的是外在的设施，却没有关注到顾客住酒店的核心需求。这家酒店的房间里有很多细节需要改进。比如，房间里的空调噪声特别大，尤其是当你睡着后，半夜空调突然启动，那声音就像一道惊雷，对于我这种容易被吵醒的人来说，一旦被吵醒，可能整晚都睡不着，非常痛苦。再比如，洗手间的垃圾桶放在洗手池下面，洗手池的下水管道正好挡住了垃圾桶，顾客很难将废纸扔进去。

他们的毛巾和浴巾也有所改变，都套上了塑封袋，但你打开后发现还是原来的毛巾和浴巾，而且当手上沾水后，撕开塑封袋特别困难。此外，吹风机的噪声也特别大。

这些细节他们都没有注意到，反而只注重表面的改变。尽管这些改变有一定意义，但顾客不会因为酒店增加了一个洗衣房就来住宿，他们更在意住得是否舒适。现在行业"内卷"严重，酒店商家热衷于团购促销，打价格战，却忽视了核心问题——如何让顾客住得舒适。

第一章 个人精进

第二章 战略共识

第三章 团队修炼

第四章 科学经营

第五章 杜绝内耗

第六章 品牌共建

第七章 营销创新

合伙人之间的关系

为什么许多企业，特别是民营企业的创始人之间，共患难容易而共享乐难呢？创业之初，大家满怀激情，决心要将企业经营好。但当企业稍有起色时，却常常出现内耗、内讧，甚至分道扬镳，导致企业迅速瓦解。归根结底，这是因为合伙人之间的关系没有处理好，为后续的经营埋下了隐患。许多企业之所以停滞不前，甚至破产倒闭，都是因为合伙人之间的问题处理不当。

以下是我对于如何处理好创始人（合伙人）之间关系的几点心得：

第一，选择志同道合的合作伙伴。

寻找事业合伙人的难度不亚于寻找人生伴侣，因此应尽可能与志同道合的人合作。合伙首先是合人品，人选对了，事情也就顺了。许多人创业时匆忙上路，没有筛选合伙人，甚至不了解对方，一听能赚钱就立刻合伙。合伙前看似和谐，合伙后却发现处处不合，导致情绪内耗，不能专注于企业发展。特别要警惕那些在征求意见时总是说"我没意见，你们看着办"的合伙人，这种人在企业运营中最容易出问题。对的人在一起，天天都是故事；错误的人在一起，处处都是事故。

第二，建立明确的合伙机制。

在合伙之初，应尽可能明确合伙机制、分配机制、退出机制，甚至是散伙机制。要将丑话说在前头，明确为书面条款，确保权、责、利分明，避免含糊不清。例如，这家企业谁说了算，谁拥有一票否决权，遇到特殊情况怎么办等。

尤其是亲属之间合伙时，更应明确规则，否则即使这一代不出问题，下一代也很可能发生利益争夺战。我曾经辅导过一家企业，合伙人是兄妹四人，因为没有明确的合伙机制和经营章程，所以他们无论大事小事都争吵不休，形成了两个派系，无法成事。

第三，建立明确的监督运行机制。

有了规章制度只是第一步，要确保规章制度落实到位，还需要一套监督和运行机制。我曾担任过两家公司的董事会秘书，最深的感悟是公司有一套特别标准、完善的运行机制，才能保证其高效运行。我经常建议企业主建立现代化的公司治理体系和治理结构，用制度推动企业发展，而不是依赖个别人。

第四，避免与身边的人合伙。

在企业初创阶段，最容易建立信任的往往是身边熟悉的人，尤其是亲朋好友。客观地说，亲朋好友在企业发展初期确实发挥了巨大作用，但他们的局限性和破坏性也最大。创业本就是九死一生，因此不要轻易与身边的人合伙，不要拉着朋友一起创业，而要在创业过程中去认识朋友。合伙是为了实现目标，各自互补，为了品牌能更好地增长。同时，要约束行为，避免企业出现违背法律法规的行为。

如果企业出现了以上问题，不要着急，可以寻求第三方专业公司的帮助。

企业家与职业经理人的关系

许多企业都面临着一个至关重要却常被忽视的问题，即企业所有者与企业经营者之间的关系，也就是企业家与职业经理人之间的关系。如果处理不当，可能会导致巨大的矛盾和内耗。

通常情况下，职业经理人团队需要对经营目标负责，关注营收、利润和增长率，以及是否能够在合同期限内达成目标，从而获得相应的分红或奖金。

客观来说，职业经理人的工作是按照考核指标来安排的。考核指标就像一根指挥棒，你考核什么，被考核者就会关注什么，这是由他们的工作性质所决定的。许多职业经理人团队可能会面临一个问题：如果企业经营不善，他们可能明年就会被解雇；如果企业经营得好，他们可能会被其他公司挖走。

从职业经理人的角度来看，他们会面临业绩、利润等各种压力，而缓解这些压力的最好方式就是追求增长。但有时，追求增长可能会与企业的价值观发生冲突，在这个过程中，价值观可能会为增长让路。

此外，新业务的布局需要时间，甚至可能需要牺牲当前的利润，但结果仍然是未知的，这远不如现有业务来得顺手。

企业家可能更关注未来的发展战略，关注企业的愿景、使命和价值观，甚至愿意为了未来发展放弃当前的利益，这就造成了企业家和职业经理人团队之间不可调和的矛盾。

我见过在很多企业中，企业家和职业经理人之间反复拉扯，造成了巨大的内耗，甚至导致企业运行停滞不前。

考核经营指标本身并没有问题，经营数据越好，说明企业的市场表现越抢眼，盈利能力越强，对公司来说是好事。但如果业绩增长是以牺牲企业的口碑、战略或通过巨额成本换来的，那就需要重新审视了。

企业家也不是不关注业绩，而是在关注业绩的同时，也关注企业的价值观，关注长远的发展和战略。企业家需要在这两者之间找到一个平衡点。如果只关注未来，可能会失去现在；如果只关注现在，可能会失去未来。因此，既要关注当前的发展，也要关注未来的战略性布局，以及企业品牌的发展。

例如，在业绩考核的同时，也要关注成本、未来布局、价值观的落实等，这些都需要在制定考评指标过程中予以考察。总之，企业家和职业经理人不应该是零和博弈的关系，而应该是双赢的伙伴关系。

老板与核心骨干的关系

在与众多企业合作的过程中,我经常听到老板和核心骨干之间的相互抱怨。老板常常抱怨核心骨干不听从指挥、有私心,而核心骨干则抱怨老板不信任他们、不放权、过度干预,这种状况导致老板与核心骨干之间产生隔阂和内耗,严重影响了企业的运营效率。

对于许多老板来说,他们需要明确自己究竟需要什么样的核心骨干:是那些听话的,还是那些有能力的。有一句老话说得好:"用人之长,天下无不用之人;用人之短,天下无可用之人。"客观来看,有能力的人往往个性鲜明,不易管理;而那些听话的人,往往能力平平。因此,老板必须清楚自己的需求:如果你需要听话的核心骨干,就得接受他们能力一般的现实;如果你需要他们的专业能力,就得忍受他们可能带来的挑战。

老板与核心骨干之间的互信至关重要,这是双方合作的基础。"疑人不用,用人不疑"的原则在这里同样适用。在选拔人才时,企业首先应该看重品德,尤其是对于高级管理人才,德行尤为重要。应尽可能任用那些品德优良、有远见的高管,因为能力是可以培养的。优秀的人才不需要鞭策,他们对自己有要求。即便品德和信任都没有问题,必要的规章制度也必须建立。

对于核心骨干来说,主动沟通和汇报是职场生存的基本法则,也是建立信任的有效途径。核心骨干对老板要绝对尊重,不可因熟悉而失礼,更不能因自己的才华而傲慢自大。

对于老板和核心骨干来说,相处是一门艺术。对于老板而言,有时候需要"难得糊涂",即使看到了问题也要装作没看见。正如我们常说的"水至清则无鱼",如果一切都严格按照规则来,很多时候你会发现无人可用,因为人无完人。他们可能会有瑕疵、不完美的地方,但如果这些不影响整体目标的实现和团队的生存,那么选择性地忽视这些小问题,充分发挥他们的才智和才华就足够了。

"长期主义"与"眼前利益"的关系

"长期主义"这一理念被广泛传颂，但在那些富有远见的创业公司和大型组织的决策者中，一个常见的困惑是：为何有些企业在追求"长期主义"的道路上失败了？

根本问题在于没有妥善处理"长期主义"与"眼前利益"之间的关系。一些企业将"长期主义"作为行动的准则，坚持在所有事务上都奉行"长期主义"。但什么才是真正坚持"长期主义"呢？如果忽视了短期目标和效益，不追求即时的成果，久而久之，"长期主义"可能变成了不作为的借口。

如果只关注结果和"眼前利益"，又可能被批评为缺乏远见、格局和战略思维。但在实际经营中，如果没有短期的成果，长期目标的实现就会变得困难。

因此，"长期主义"与"眼前利益"之间的矛盾，成为许多企业内部消耗的焦点。

那么，正确的做法是什么呢？

在战略层面，坚持"长期主义"；在战术层面，关注"眼前利益"。

这样，我们既关注了当下，又兼顾了长远，既重视了即时成果，又坚持了"长期主义"。通过这种方式，我们可以在确保短期成效的同时，也可以为实现长期目标奠定基础。

创始人与接班人之间的关系

民营企业目前普遍面临一个棘手的问题,即第二代企业家的接班问题。许多第一代企业家与第二代企业家之间的关系常常是"互相看不上""谁也不服谁"。在具体问题上,第一代企业家可能会认为,过去的做法一直很成功,为什么需要改变?第二代企业家则可能认为,那些做法已经过时,需要采用新的方法,这导致双方之间矛盾重重。

大多数企业两代经营者之间的冲突,实际上源于认知、经验和方式的差异。第一代企业家多数学历不高,但赶上了好时机,企业得以快速发展。第二代企业家从小在商业环境中成长,大多数受过良好的教育,拥有扎实的商科背景,视野开阔,思维活跃,对问题有独到见解。

第一代企业家的管理风格更侧重于情感维系,具有独特的人格魅力,总体上人情味大于规章制度,管理的个人风格较为明显,与员工的交流较多,平衡关系的能力较强。第二代企业家更看重规则和利益,强调按劳分配,与员工的沟通不如第一代企业家频繁,做事更讲究效率。

很多第二代企业家接班后面临的主要问题并非专业能力,而是如何平衡各种复杂的关系,这给他们带来了很大的困扰。

实际上,企业传承涉及两个方面:一是"交",二是"接"。"交"和"接"都需要技巧。

对于创始人来说,如何"交"需要一套方法,不仅要将企业交给接班人,还要确保接班人能够接得住,帮助接班人平衡各种关系,提前布局接班事宜。

对于接班人来说,如何"接"也需要有所准备,不仅要会做事,还要会处理各种人际关系,争取到核心元老的支持。

另外,创始人和接班人之间要"约法三章",制定好规则,学会友好相处。

企业与"外脑"之间的关系

在企业成长的过程中,"外脑"的支持是不可或缺的。如何与"外脑"合作,发挥其价值,以实现企业目标,是一个值得探讨的问题。

不应与咨询顾问比专业。术业有专攻,咨询顾问往往拥有多年的行业见识、经验和资历,能够帮助企业少走弯路。有时候,你费尽心思也解决不了的问题,咨询顾问可能很快就可以帮你解决。即使他们不是你所在行业的专家,他们也能将其他行业、企业的标杆案例和经验迁移到你的行业,帮助你解决问题。

要相信专业的力量,尊重别人的专业,并学会利用他们的专业来实现自己的目标。从某种意义上说,企业和"外脑"是利益共同体,一荣俱荣,一损俱损,并非对立关系。

能够充分利用"外脑",发挥其作用到极致,是一个企业负责人的能力和格局的体现,也是团队能力的体现。

对于大多数企业来说,合作的公司无非是两种:一种是"外脑",另一种是"手脚"。"手脚"是在你的指导下完成任务的,而"外脑"则是在你遇到无法解决的问题时请来的老师。虚心听取"外脑"的建议,但也要避免让"外脑"按照你的指挥工作,把"外脑"变成"手脚"。当然,决策权在你手中。

因此,在聘请咨询顾问之前,要明确你是需要"外脑"还是"手脚",避免用对待"外脑"的方式对待"手脚",也避免用对待"手脚"的方式对待"外脑"。

很多企业请了咨询顾问却效果不佳,沟通合作、目标设定、机制设定、团队融合都会影响最终效果,这与老板自身对待咨询顾问的态度有很大关系。

作为顾问,这么多年我习惯了独来独往,不喜欢前呼后拥。我平时不喝酒,觥筹交错的氛围远不如街边小摊一碗拉面带给我的幸福感。

但是,只要客户主动提出开展一些活动,我一般都会答应。因为客户主动提出,代表他本人对我的到访充满期待。这种仪式感向团队传递了重要信息:老板都这么重视这件事,这么尊重这个人,看来大家都要重视。这是老板的智慧。实际上,这是为接下来的工作做了铺垫,向团队传递了积极的信号,无论是咨询服务还是培训，大家都会重视，大家重视了才能收到好的效果。

　　团队成员不是听老板说什么，而是看老板做什么。老板跟团队成员说这件事多么重要，请了一个多么厉害的人，远不如老板的实际举动。老板认真，团队成员才会认真；老板尊重他人，团队成员才会尊重老板。

第一章	第二章
个人精进	战略共识

第三章	第四章
团队修炼	科学经营

第五章	第六章
杜绝内耗	**品牌共建**

第七章
营销创新

品牌到底是什么

在现实的商业环境中,许多人常常纠结于是否要建立品牌、何时建立品牌以及如何建立品牌等问题。也存在一些误区,比如有人认为等到企业做大、做强时再考虑品牌建设。

品牌实际上贯穿于企业经营的整个生命周期。从企业注册公司名称、商标开始,就拥有了一个品牌。品牌在不同阶段呈现出不同的形态,见图6-1。

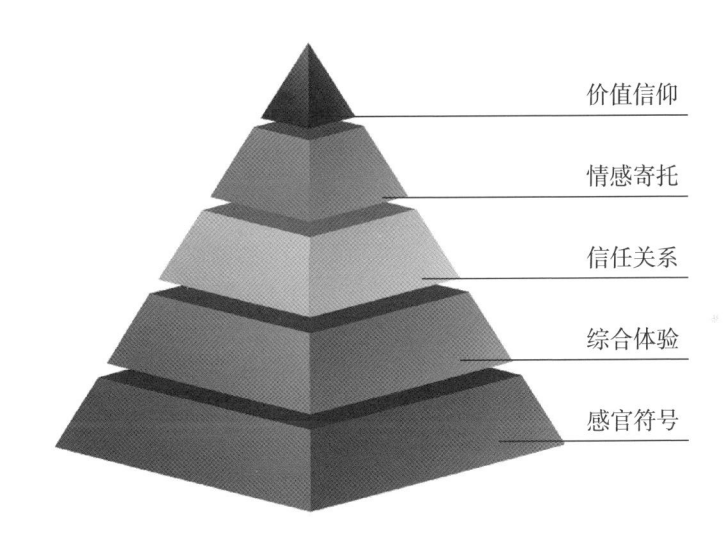

图6-1 品牌在不同阶段的不同形态

第一层级的品牌是"感官符号"。包括视觉、听觉、嗅觉等符号。在这个阶段,品牌似乎与消费者没有直接联系,它只是企业自身的一套符号系统。

第二层级的品牌是"综合体验"。当企业将上述符号推向市场后,消费者在使用产品的过程中开始体验企业和品牌符号体系并产生印象,这时品牌开始与消费者建立联系。这套感官符号被赋予了意义和文化,变成了消费者对品牌的综合印象和体验。

第三层级的品牌是"信任关系"。如果消费者对品牌的印象是积极的,他们可能会继续与品牌保持联系;如果是负面的,他们可能就再也不会与品牌有任何交集。在综合印象的基础上，消费者对品牌和产品形成多次良好的体验，这种印象就会转变为对品牌的信任。

第四层级的品牌是"情感寄托"。随着消费者对品牌的信任加深，品牌为消费者提供了更多的情感价值，成为消费者情感的寄托。

第五层级的品牌是"价值信仰"。随着消费者对品牌的深入了解和信任，品牌最终成为消费者的价值观和信仰，这种价值观和信仰可视为企业的无形资产。

品牌管理涉及管理消费者在不同阶段对品牌的认知、体验和印象，而品牌运营则是将品牌形态从第一层级不断推向第五层级。

品牌是与消费者情感联结的纽带，即使在价格战中，消费者选择你还是竞争对手，仍然与品牌有关。从长远来看，能够穿越市场周期、赢得同质化竞争的，一定是品牌而非产品。

培养品牌系统思维

品牌是一种意识，也是一种深层次的思维方式，更是一套系统化的经营逻辑。品牌建设不是简单地发布几篇公关文章、拍摄几个短视频、投放几则广告等表面手段，这些不过是"术"的层面，它们并不能解决品牌建设的根本问题。

品牌建设的核心在于是否拥有一整套的思维体系：产品体系如何构建的，组织系统运营是怎样的，团队是如何组建和培养的，市场营销策略又是什么样的。这些都是一个完整系统不可或缺的部分，而选择使用短视频还是图文，是小红书还是朋友圈，并非品牌建设的关键所在，它们只是实现品牌传播的途径。

品牌建设需要从宏观的角度出发，拥有高瞻远瞩的思维方式，才有可能打造出一个持久的品牌。否则，品牌就会昙花一现，没有稳固的根基，稍有风吹草动就会动摇。想要品牌稳固和稳健，就需要迭代我们的思维方式，提升我们的认知层面。很多时候，企业的问题根源在于认知维度的局限。

品牌建设是一个系统，有一整套运行模式，这使得品牌在市场上呈现光鲜亮丽的形象，在消费者心中则是一个有情感、有温度、具有实际功能价值和情感价值的存在。

多维度构建品牌

为什么要从多个维度构建品牌？因为品牌所面对的是一个复杂多维的受众群体，不同受众群体关注的重点不同。

我们需要从多个维度构建品牌，实现与目标群体的有效沟通，见图6-2。

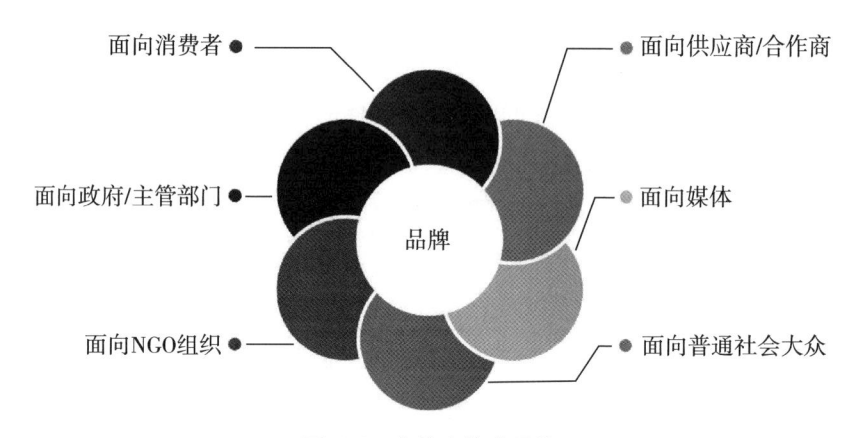

图 6-2　多维度构建品牌

第一，面向消费者的品牌。传递的价值核心应聚焦于消费者的痛点，即他们最关心的问题和需求。

第二，面向供应商/合作商的品牌。传递的价值在于展示公司的实力、资源和成功案例，目的是增强供应商与企业合作的信心。有些企业作为甲方，可能会对乙方提出过分要求，但长期这样做，许多乙方宁愿不赚钱也不愿与其合作。

第三，面向政府/主管部门的品牌。传递价值的核心在于经济效益、社会效益，如攻克行业难题、贡献税收、解决就业、提升城市知名度、赢得国际声誉等。

第四，面向媒体的品牌。重点是维护好与媒体之间的关系，使媒体成为企业价值的放大器，赢得媒体的支持。许多企业要么害怕与媒体打交道，要么忽视媒体关系，要么不知道如何与媒体相处，这些都是需要重视的问题。

第五，面向 NGO（非政府组织，Non-Governmental Organizations）的品

牌。很多企业忽视了这一点，甚至不了解 NGO 的重要性。NGO 可能不是企业的直接客户，但它们是企业在品牌建设过程中必须关注的重点，如环保、劳动者权益、社区关系、安全等。一旦在这些方面出现问题，可能会对品牌造成重大影响。当然，合规合法是基本要求。

第六，面向普通社会大众的品牌。普通社会大众可能不是企业的直接客户或消费群体，但作为社会公民，企业的一举一动都关系社会大众的利益。有时，社会大众的力量甚至能影响企业的发展，因此与普通社会大众的沟通也非常重要。

总之，品牌建设是一个多维度、全方位的工作，需要在不同的社会关系中找到平衡点，构建有效的沟通桥梁，以实现品牌的长远发展。

品牌共创"六步法"

如何才能有效且快速地创立一个品牌?

《战略品牌管理》的作者凯文·莱恩·凯勒讲过,品牌是一个认知的实体,它源自现实,同时也反映了消费者的认知,甚至反映了消费者的特质。产品诞生于工厂车间、田间地头,品牌诞生于消费者的脑海中。

如何在消费者脑海中构建对于品牌的认知?需要通过讲理念、贴标签、定价格、立人设、讲故事、建样板"六步法"(见图6-3),才能在消费者脑海中构建对于品牌的认知。

讲理念。明确品牌的愿景、使命、价值观和经营理念。

贴标签。为品牌贴上一定的认知标签,告诉消费者你是谁。

定价格。价格是有效的定位工具,定价格在某种程度上划定了目标消费群体。

立人设。赋予品牌人格特质,强化与消费者之间的情感连接。

讲故事。把品牌的相关理念、特性以故事的方式传递给受众。通过故事的传播,让消费者对品牌形成初步认知。

建样板。人们总是相信自己看到的事物,因此要帮助消费者看到品牌样本,首店开业、新品首发其实都是在建样板。

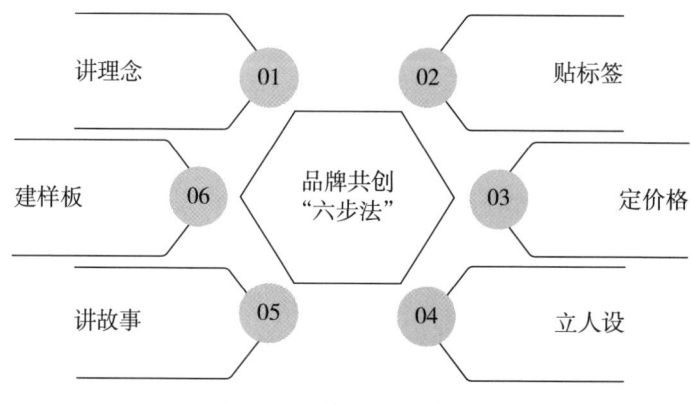

图6-3 品牌共创"六步法"

从"主动发声"变成"沟通对话"

当前的品牌传播已经不再是传统的单向传播,也不再依赖单一渠道。整个传播过程变成了一个共建的过程,不仅要"主动发声",还要能够"沟通对话"。

对于企业家来说,必须培养新的能力,比如通过社交媒体与受众互动的能力、通过社交媒体沟通表达的能力,以及通过社交媒体传播品牌的能力。

我经常建议人们充分利用社交媒体的评论区。许多网友会在评论中提出问题,甚至发表不满,这正是互动的开始。即使那些恶意的评论,如果处理得当,也可以转化为正面的沟通、共建或"澄清"的机会。这不仅让受众了解企业内部的动态,也让企业内部人员了解受众的关切和需求。

需要注意的是,品牌对外的沟通与表达应该围绕核心主线进行,目的是与核心受众群体进行交流、维系情感,并彰显品牌的调性和价值主张。发布一两条视频可能看起来技术含量不高,似乎谁都能做到,但实际上,如果没有主线和方向,这些努力最多只能算是战术层面的尝试,无法形成积累,更不会形成影响力。

同时,品牌传播者的心理承受能力也面临着挑战。受众提出的许多问题,如果以严肃的态度回答可能会招致更多争议,而一句幽默的回答可能会让人们觉得亲切,从而轻松化解问题。

因此,企业家想要具备与公众沟通和对话的能力,必须摒弃精英式、高高在上的传播方式,转变为更加平等、互动的沟通方式。

从"独家制造"变成"共识共创"

在全新的品牌传播环境中，面对新的消费群体，企业需要与消费者共同参与、共创价值。

在产品、技术、服务等环节，企业应让消费者或相关资源方参与进来，实现共创和共赢。目前，很多消费品的新品牌，通过社交媒体与消费者实现了很多的共创，这样的例子不胜枚举。

现在，许多品牌在新品上市前会征求消费者的意见，甚至邀请他们参与产品设计，不再是企业单方面生产产品然后销售给消费者，而是企业和消费者共同打造符合消费者需求和个性的产品。

企业需要转变思路，与消费者共同完成品牌建设。消费者不再是简单的产品体验者，还可以成为品牌的免费宣传员，企业要充分利用好这一资源。

常言道：拥有资源不能成功，善用资源才能成功。对于企业而言，在其经营链条中的所有成员，本质上都是企业的核心资源要素。若能有效激活这些资源，使其深度参与品牌传播的全过程，将会取得超出预期的协同效应。

品牌传播的"三点论"

在品牌传播的过程中，有没有简单、好记、有用的方法？

在这里，跟大家分享我在实际辅导品牌时遵循的品牌传播的基本法则（见图6-4）。

一是品牌大师艾丰老师曾讲过的品牌传播的三个关键点：兴趣点、利益点和技术点。

（1）兴趣点：要吸引受众的兴趣。这意味着传播的内容必须足够吸引人，能够激发目标受众的好奇心和参与度。

（2）利益点：要明确传播内容对目标群体的直接利益点。从人性的角度来看，人们往往只关心与自己利益相关的内容。

（3）技术点：要展示如何通过实际的科技手段和技术创新来支撑品牌传播。这涉及使用先进的技术手段以增强传播效果，确保信息的有效传递。

二是勒庞关于传播的三个要点：断言、重复和传染。

（1）断言：在传播中给出明确的结论或内容。这是确立品牌信息的第一步，为受众提供一个清晰的观点或信息。

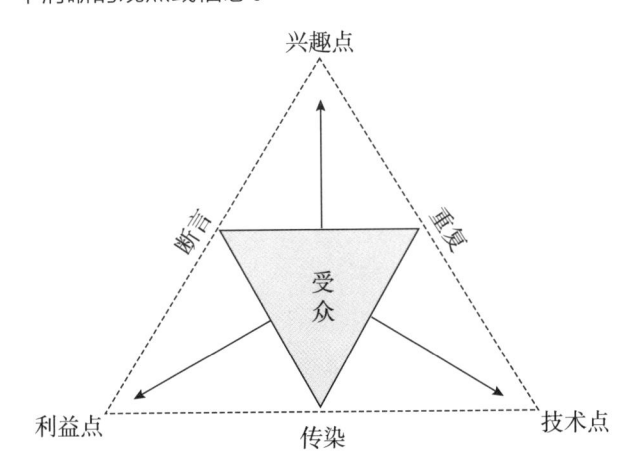

图6-4　品牌传播"三点论"

（2）重复：持续不断地重复关键信息。传播的一个有效策略就是通过重复来加深信息在受众心中的印象。

（3）传染：可以理解为信息的裂变传播。当断言和重复达到一定程度时，信息就会像病毒一样传播开来，形成广泛的社会影响。

这些原则强调了在品牌传播中，不仅要关注内容的吸引力和相关性，还要利用技术手段来增强传播效果，并通过重复和裂变来扩大影响力。

如何构建品牌资产

"品牌为企业资产"这一观点已获得越来越多人的认可。那么,究竟什么是品牌资产?又该如何构建品牌资产呢?

品牌资产指的是那些能够为企业带来价值的消费者认知和行为。这些价值可能表现为消费者购买产品、提高品牌知名度。简而言之,任何能够为企业带来价值的消费者认知和行为都可以称为品牌资产。

品牌资产包含以下几个方面:

第一,符号资产。包括视觉符号、听觉符号、味觉符号、嗅觉符号等一切可感知的符号。符号的形式表现为文字、声音、气味、色彩、图形等,具体包括品牌名称、标志、口号等,这些是品牌识别度的关键元素。

第二,内容资产。品牌传播实际上是信息的传递和交互,一切可用于品牌与消费者之间传递的信息,都是企业的内容资产,如广告、公关材料、社交媒体内容等,这些内容塑造了品牌形象和价值观。

无论是过去还是当下,好内容都是稀缺资源,是品牌吸引外界关注的桥梁和杠杆。好内容的标准:符合当时的传播形态、能吸引消费者关注、清晰传递品牌价值、消费者有分享意愿。作为经营者应该在品牌的内容建设方面,投入相关的人、财、物。

第三,知识资产。对于每个品牌来说,首先应该定位自己是行业的首席知识官。通过知识体系的构建,将自己塑造成行业的知识库、消费者认知的开创者、行业权威专家。通过知识构建和传播,凝聚消费群体。当下各个品牌所热衷的 IP 建设,核心就是持续输出内容,就是打造品牌的知识资产。

第四,认知资产。这涉及消费者对品牌的认知度、感知质量、品牌联想等,打造品牌在消费者心中的印象。认知资产包括两种形式,一种是借用人类已有的认知基础和文化母体,包括历史的、人文的、道德等层面;另一种是打造开创性的认知内容,丰富和创新消费者的认知。

品牌资产的积累是一个长期而持续的过程,在这个过程中,企业应该采取以下四种做法以避免犯错：

第一，不要轻易改变。频繁变更品牌的核心识别元素可能会导致消费者认知混乱。

第二，不要一味追求创新。品牌需要稳定的传承和一致性，过度追求短期创新可能会损害品牌资产，导致品牌资产流失或者稀释。

第三，不要盲目跟风，可以模仿但不要照搬。品牌应保持独特的个性和定位，盲目模仿他人会削弱品牌的可识别性，做自己才是品牌可持续发展的真谛。

第四，不要急功近利。品牌建设需要耐心，长远规划，追求快速成效可能会损害品牌的长期价值。品牌建设需要依托持续且一贯的投入，仅凭短期热度难以形成持久的品牌影响力。

企业在建立和维护品牌的过程中，要不断创新和深化与消费者的关系。通过这种方式，让品牌资产为企业带来持续的价值和市场竞争力，这个过程其实非常考验品牌经营者的战略定力。

品牌建设的"七度"雷达模型

如何评判一个品牌是否成功？我们的团队在多年实践的基础总结出了品牌建设的"七度"雷达模型（见图6-5），可以通过以下七个维度来进行评估：

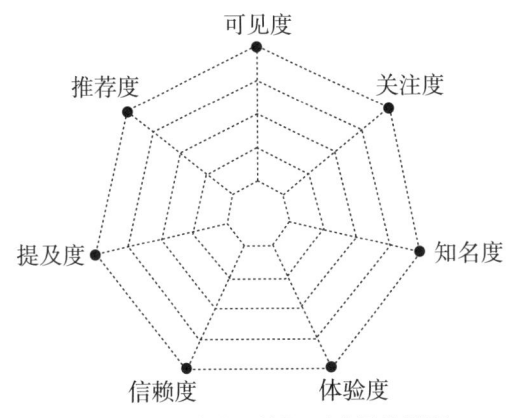

图 6-5　品牌建设的"七度"雷达模型

第一，可见度。

指品牌在各种平台上的曝光率，即在多少场景和平台上能够被受众看到。可见度高意味着品牌信息能够频繁地出现在目标受众的视野中。

第二，关注度。

指品牌内容获得的关注程度，包括点赞、关注、转发和收藏的数量。这些互动指标可反映受众对品牌内容的兴趣度和参与度。

第三，知名度。

即品牌被公众认知的程度。知名度建立在关注度之上，衡量有多少人对品牌有所了解。

第四，体验度。

即消费者对品牌产品或服务的实际体验。良好的体验度能够促使消费者尝试消费。

第五，信赖度。

基于体验度，消费者对品牌的信赖度，决定了他们是否会再次购买。信赖度是品牌长期成功的关键因素之一。

第六，提及度。

品牌在日常对话和传播中被提及的频率。提及度反映了品牌在受众中的存在感。

第七，推荐度。

即消费者在个人使用体验良好的基础上，是否愿意将品牌推荐给身边的人。这是衡量品牌忠诚度和口碑传播能力的重要指标。

通过这些维度的综合考量，可以全面评估一个品牌的发展状况和市场表现，从而判断其是否已经成功建立了强势品牌地位。

积极消除信息鸿沟

传播学中,"信息鸿沟"这一概念指出,随着媒介技术的发展,那些优先使用媒介的人群会比其他人获取到更多的信息,从而导致信息差距不断扩大。这种差距最终可能导致不同群体之间在思想、认知上的差异越来越大。

"信息茧房"现象是社交媒体算法带来的另一个问题。算法倾向于推送用户感兴趣的内容,使用户可能忽视或无法接触到他们兴趣范围之外的信息。这种现象可能导致用户的视野越来越狭窄,对外界的理解和认识变得片面。

对于品牌传播者而言,面对泛滥的媒体信息,要吸引受众的注意力变得更加困难。基于上述原因,信息传播的障碍正在增加,信息不对称问题日益严重。

因此,需要采取以下策略来加大传播力度、强化传播意识、提高传播效率,以确保信息能够有效传达给目标受众:

第一,构建多元化信息交互渠道。

品牌经营者或者传播者,可以利用多种社交媒体平台和渠道,以覆盖更广泛的受众群体,减少信息传播的盲点。不仅把品牌的相关资讯传递给消费者,还需要通过各种传播渠道收集消费者的反馈。

第二,内容生产的个性化与多样化。

根据目标受众的兴趣和需求,创造个性化的内容,同时也要强化"大众"的概念和认知,提供多样化的内容,以吸引不同兴趣和背景的受众,通过社会的广泛关注,吸引目标受众群体。

第三,提升信息交互能力。

品牌经营者应该提升品牌与受众的信息交互意愿和能力,提高他们对信息的识别和互动能力。鼓励受众群体参与信息的互动和讨论,通过社交媒体的互动特征,增加用户的情感及身份认同,提高信息的传播效率。

第四,信息发布及时准确。

在信息传播过程中,谣言往往会滋生。避免谣言产生的有效办法,是官方的信息渠道务必及时、准确地发布内容,不断提升公信力。

第五，关注舆情。

多数企业在信息处理过程中，往往出现两个极端，要么过分担忧舆论的发展，要么干脆置之不理，这都不是科学的处置方式和态度，企业应做到既不傲慢懈怠，也不过分紧张。

通过这些策略，品牌传播者可以更有效地应对社交媒体带来的挑战，提高信息传播的效率，确保信息能够覆盖更广泛的受众，减少信息不对称现象。

重视内容矩阵建设

企业不仅向客户提供产品或服务，同时也在生产内容。品牌营销本质上是通过传播手段与目标客户群体进行信息交互的过程。好内容是稀缺资源。

未来企业品牌营销无法回避的三个重要方面：

第一，内容的生产。

产品、内容、场景和价值等，都属于内容生产的范畴。内容或数据已成为企业除了工厂、设备、技术和品牌之外的另一项重要资产。

第二，内容的传播。

通过不同的媒介将内容传递给目标受众。

第三，内容的交互。

探索与目标受众群体进行内容交互的有效方式。

面对传播去中心化的趋势，企业需要全方位构建自己的传播矩阵和发声渠道，否则，即使内容再优秀也可能无法有效传播。特别是在企业遇到危机时，如果没有发声渠道，甚至连解释的机会都没有。

在辅导客户时，我提出了"全员传播"的战略，即企业中的每个人都是品牌的传播者，他们从不同维度展示品牌，这样的展示不仅真实而且丰富。内容策划可以分为以下几个方面：

第一，基础内容。

涉及公司的发展理念，需要从不同客户的角度出发，翻译和转化内容，以满足政府、媒体、客户和公众等不同维度的需求。这些内容构成了我们的基础性资产。

第二，经营理念和创业故事。传递企业的核心价值和创立历程。

第三，客户故事。分享客户的成功案例和体验，展示客户使用产品后的变化，包括数据对比、用户反馈等。

第四，团队故事。介绍企业团队的背景和故事。

第五，公司动态和资讯。分享公司的最新动态和信息。

除此之外，利用内容平台和算法，不仅要将产品信息推送给消费者，更要在信息传递过程中传递品牌的价值主张和理念，为消费者创造价值，从而沉淀品牌资产、用户资产和内容资产。

同时，要根据品牌的总体战略和核心价值主张，策划和生产出优质内容。内容是品牌的载体，品牌是内容的灵魂，没有灵魂，其他一切都是形式。

如何避免被卷入价格战

你是否有过这样的经历：常常不知不觉卷入价格战？被同行拉入价格战尚可理解，但有时竟会被客户拉入。许多人将原因归咎于客户认知不足、消费观念欠佳，实则客观原因并非如此简单。

多数客户并非某个领域的专家，甚至可能全然不了解。若你的宣传、资质、产品与竞争对手差异化不显著，客户唯一能"看懂"的便是价格。此时不应抱怨客户认知不足，而应思考如何为客户建立一套评判标准。

首先，企业需要将自己定位为所在行业的首席知识官，帮助消费者建立对行业的认知和评判体系。

以我的客户誉鹏达为例，为了帮助其在市场营销中提高转化率，我的团队为其提炼了一句 slogan："专业创造价值。"围绕这个口号，进一步提炼了"五大核心专业能力"。

这"五大核心专业能力"并非凭空想象，而是围绕该客户关注的几个方面，如项目品质、工程进度、安全管控等。这些都是能够触动客户的关键点。

每个行业都会有良莠不齐的企业存在，有的甚至为拉拢客户不惜打低价战，许多企业为了生存也不得已加入。

"专业创造价值"这个口号，既向客户传递了一个观念，也为他们建立了一个评判标准：想要解决问题，就应该选择专业的服务。什么才是专业？实际上有五个方面，客户可以拿着这一套标准去选择，最终发现还是这家公司最可靠，因此都选择与其合作。

在市场开发过程中，这种策略既体现了差异化，给客户带来了新鲜感，又没有直接批评同行，客户会认为这家公司是专业的。久而久之，这家公司就成了专业的代名词。

对于公司内部的员工来说，"专业创造价值"不仅是口号，也是每个人自我提升和自我驱动的标准。每个人都会思考自己是否够专业，能否达到这个标准。

客户是"驯养"出来的

法国童话《小王子》有一段经典对话,狐狸向小王子提到"驯养"的概念,小王子不明白,狐狸告诉小王子,"驯养"意味着建立和谐的关系……

小王子依旧不明白。

狐狸接着解释:"对我而言,你只是一个小男孩,和成千上万的小男孩完全一样。我并不需要你,你也不需要我。对你而言,我只是一只狐狸,和成千上万的狐狸没有两样。但是,如果你驯养了我,我们之间的关系就变为互相需要。那么一来,对我而言,你就是这世上的唯一,而对你而言,我也是这世上的唯一……"

如果主攻客单值比较高的大客户,那么大家建立信任的成本比较高,这时一个非常重要的法宝就叫"驯养、培养"。比如,今天你跟客户讲了没感觉,明天你给客户讲了没感觉,但时间久了之后客户往往就会动摇。所以只要你不动摇,你不放弃,那么客户就会动摇。那么这个过程实际上就是一个"驯养"的过程。

企业与客户的每一次会面都需要用心酝酿,正因如此,会面才更有讲究。"你最好每天都在同一个时刻过来,"狐狸说道,"比如说你下午四点来,那我从三点开始就会感到快乐。离四点越近,我就会越来越快乐。四点一到,我就会坐立不安。我会让你看到我究竟有多快乐!但是如果你来的时间不固定,我就不知道该什么时候开始准备迎接你……我们应该遵循正确的仪式……"

小王子与狐狸的对话,给品牌传播带来重要启示:需做到定时、定点、定内容。

企业定期推送公号文章和更新内容是为了培养读者的一种期待感。比如,企业设定每周在特定时间发布内容,那么到了那个时间点,如果读者对企业的内容感兴趣,他们就会特别期待这一刻的到来。这种期待感有助于建立起读者对企业品牌的信赖度。

企业的核心媒介是什么

我们在辅导企业的过程中,经常会被客户问:什么样的媒介最重要?企业的核心媒介是什么?

一是"人"。

对于企业经营者来说,首先要充分利用自己的传播媒介影响更多人,同时也要努力将更多的人转化为我们的传播媒介。

无论是制作短视频还是运营私域流量,其核心都是"人"。产品、科技、工具都是为了服务于"人"。所有的交易和互动最终都是与人打交道,"人"是一切的根源,因此企业必须用好这个根源。

企业在进行营销时,一方面希望打造好自己的品牌和产品;另一方面希望与企业接触的人能够成为自己的客户、传播者、体验者和口碑的缔造者。

无论使用何种平台或工具,企业都要关注人的需求。商业的本质在于流量,获取流量的目的是满足更多人的需求。

企业如何构建流量?关键在于围绕"人"这个要素。"人"是非常重要的媒体和流量来源。

二是品牌。

企业建立品牌的目的是获取更多的关注和流量,特别是在流量竞争时代,购买流量的同时,更应该建立好自己的品牌。

三是产品。

产品本质上是一个免费的业务员,随着商品流通,进入各大商超货架,进入千家万户,24小时无休,时刻在向客户发送信息。

作为企业的经营者,在经营过程中,并不是平均用力,而是应该有所侧重,把重点放在对人、品牌和产品的关注上。

通过"专业"构建品牌"护城河"

品牌定位，实际上就是消费者心目中对于品牌的认知。而真正要在消费者心目中建立认知，则需要通过有效的品牌传播。

我服务过的客户誉鹏达，属于典型的实干型企业，业内口碑较佳。虽然该企业积累了几百个成功的案例，但是却很少对外传播，更没有系统地进行梳理。

调研过程中我们发现，在项目实施过程中，服务团队专业能力对后期的效果呈现具有决定性意义。只有专业的服务团队，才能真正帮助客户创造价值，减少后期的一系列问题。

可以说，企业专业与否，决定着为客户提供的服务水平高低和价值大小。

站在客户角度来看，影响客户痛点解决、价值实现的关键因素是专业能力、专业资质、施工现场管控等。

于是我们锁定关键词——专业。

在此基础上，提炼出超级品牌口号：专业创造价值。

"专业创造价值"有什么意义呢？

（1）专业是誉鹏达的发展目标和发展战略的体现；

（2）专业是誉鹏达团队内部每个成员自我成长、自我评测、自我要求的标准；

（3）为客户在筛选合作商时提供一个评判标准，避免被动陷入价格战；

（4）誉鹏达团队成员工作的价值和意义——为客户创造价值；

（5）通过品牌传播，将"专业"打造成为誉鹏达企业的标签，构建了一条品牌"护城河"，避开不良竞争。

让员工深度参与品牌建设

对于品牌建设，许多企业聚焦品牌部、市场部等专业部门的参与，却往往忽略了企业内部非专业部门员工在品牌传播与建设中的价值。

在品牌建设过程中，高层管理者是主导，相关部门是主力，员工是基础。无论是为客户创造价值、提供服务，还是建设品牌，最终都需要通过企业内部每位成员来实现。只有企业内部成员之间进行有效沟通、建立共识，才能形成统一的品牌意识和标准动作。只有让全体员工深度参与品牌建设，品牌才会更好。

让员工参与品牌建设，不应局限于具体工作的执行，更深层的意义在于让员工成长速度与品牌发展速度相匹配。若品牌发展愿景宏大，而员工成长未能同步，品牌的发展规划将难以落地，目标自然也无法达成。

以我们为客户誉鹏达打造品牌为例，我们首先在企业内部传播"专业创造价值"的理念。通过举办多场宣讲培训、共识营、演讲比赛、讲师大赛和一线文化故事分享等活动，加强品牌内部传播，让员工了解品牌。

同时，我们将"五大核心专业能力"作为团队日常学习和自我提升的重要内容和标准，以此提升团队成员的专业能力、服务意识、服务水平和品牌意识。我们致力于将每一位誉鹏达员工塑造成为"专业创造价值"的传播者和践行者，成为品牌的代言人，让员工参与甚至主导品牌建设，推动员工与品牌同步成长。

以誉鹏达的一线安装服务人员为例，通过内部品牌建设和专业能力培训，他们不仅在实际工作中按照标准动作进行施工，而且能够清晰地阐述其目的和意义，将施工场地转变为品牌传播的前沿阵地。这不仅赢得了现场甲方项目负责人的赞誉，还为企业带来了许多新的项目合作机会。

掌握讲品牌故事的能力

品牌故事可以视作经营和传播的工具，它不仅能够加深品牌与消费者之间的情感纽带，而且从传播角度来看，故事更容易被受众接受，形成后续的传播。

在信息爆炸的今天，引人入胜的品牌故事能够让品牌在各种信息洪流中脱颖而出，快速获得消费者的关注。

其实很多企业不会讲故事，品牌故事要么过于自我，要么不知所云，失去了品牌故事的真正价值。会讲故事是一种能力。

企业创建品牌故事的依据应该是企业的核心经营目标。优秀的品牌故事应该有助于达成企业经营目标、能为企业沉淀品牌资产、可以吸引消费者、可以带来新的订单、可以被广泛传播。

一个好的品牌故事应该包含多个维度，它不仅是关于创始人的创业历程、团队的协作精神或是员工的个人成长，更重要的是，它应该包含消费者的故事。

消费者的故事是品牌故事中最为动人的部分。这些故事讲述了消费者在使用产品后生活或工作所发生的积极变化。它们是真实的、具体的，能够直观地展示产品的价值和影响力。这种故事的传播，实际上是一种案例营销，它不仅能够加深品牌与消费者之间的联系，还能够吸引潜在客户，促进新订单的达成，从而为企业带来直接的经济利益。

此外，消费者的故事还是品牌资产的重要组成部分。它们能够为企业积累口碑，增强品牌的可信度和吸引力。

因此，企业在构建品牌故事时，应该更加关注消费者体验和反馈，将消费者的故事融入品牌故事中。这样的故事不仅能够展示产品的实际效果，还能够传递品牌的价值和理念，使品牌在消费者心中留下深刻的印象。通过这种方式，品牌故事成为企业与消费者之间沟通的桥梁，也是品牌长期发展的重要资产。

在社交媒体和互联网高度发达的今天，一个好故事能够迅速传播，形成裂变式营销效应，极大地提升品牌的知名度和影响力。会讲故事、能讲好故事，是企业经营者的必备能力，是企业家经营好企业的必备技能。讲消费者的故事、让消费者讲故事，是更高阶的能力和要求。

传播就是为消费者提供购买理由

在设计好企业战略、产品和解决方案之后,如何将这些信息有效地传达给消费者,让他们了解并认识到企业的价值并产生进一步的行动,成为营销传播的关键任务。这不仅涉及信息的传递,更是一场关于如何打动消费者的挑战。

如何为消费者提供明确的购买理由,并且将其准确、有效地传递给消费者?

第一,制定消费者视角的沟通策略。

从消费者的视角出发,深入理解他们的需求、痛点和期望。这要求企业通过市场调研,收集消费者反馈,以便准确地把握消费者的心理。

第二,品牌传播口号的设计。

品牌传播口号是企业战略的具象化表达、是企业对消费者的承诺,也是消费者的购买理由和行动指南。简洁明了的口号在直击消费者需求和期望的同时,体现出企业的核心优势。企业要设计一句简洁有力的语言,将企业的优势和价值转化为消费者的实际利益,迅速抓住消费者的注意力,并激发他们的兴趣、购买行为和分享、传播意愿。

第三,强化消费者利益的双向对话。

消费者在做出购买决策时,更关心的是产品或服务能为他们带来什么好处。因此,沟通策略应聚焦于如何将产品特性转化为消费者的实际利益。通过故事讲述、案例研究或消费者评价等方式进行沟通对话,展示产品或服务如何解决具体问题,提升消费者的生活质量或工作效率。

第四,增强品牌影响力的传播。

品牌知名度和影响力,促使消费者购买企业产品,企业可以通过社交媒体、内容营销、公关活动等多种渠道,将品牌宣言和消费者故事传播出去,增强品牌的可见度和影响力;利用数据分析工具跟踪传播效果,根据反馈调整传播策略,以实现更精准的消费者需求匹配。

总之,在品牌传播或者市场营销过程中,企业经营者应该主动为消费者提供购买的理由,帮助消费者决策,减少消费者决策过程中的不确定性,做到真正"以消费者为中心"。

如何让品牌更值得信赖

构建品牌的核心在于解决消费者的信任问题，这一点对于 B2C 和 B2B 企业同样重要。企业的所有传播行为都应围绕"信任构建"这一核心目标展开。

企业可以围绕以下几个方面，打造信任背书，让品牌更值得信赖：

第一，明确的品牌价值主张。

企业需要清晰地定义自己的价值主张，主张能够直接传达企业的独特价值，并突出消费者的利益。

第二，展示专业技能。

企业应展示其在专业领域的技能和知识，向消费者传递能够帮助其提供优质产品和服务的信息。

第三，消费者案例和推荐。

分享消费者的成功故事和正面评价，这些真实的案例可以作为强有力的信任背书，让潜在消费者看到企业服务的实际效果。

第四，通过第三方背书。

获得行业专家、分析师的认可，第三方背书可以增强企业的可信度。

第五，持续内容传播。

通过创造有价值的内容来吸引和保留受众，最终驱动消费者行动。让消费者对品牌有更深入的了解和信任，从而促进销售。

第六，社交媒体和公关活动。

利用社交媒体和公关活动来传播品牌信息，增强与消费者的互动和沟通，通过品牌形象设计在消费者心中塑造特定的印象，包括视觉识别、店内形象系统、行为规范等。

第七，个性化服务和定制化解决方案。

提供符合消费者特定需求的服务和解决方案，以增强消费者满意度和忠诚度。

总的来说，企业可以构建一套完整的内容体系，有效地与消费者建立信任关系，促进品牌的长期发展。

企业品牌是员工行为的叠加

企业的品牌形象是由企业内部无数个体品牌叠加而成的整体。要想企业品牌表现良好，必须每个个体都努力，最终共同作用于企业品牌。

对于消费者而言，企业品牌是一个看不见、摸不着的抽象概念。消费者对品牌的感知和印象，往往通过产品、服务以及与企业员工的接触来形成。

每个企业成员的行为都是企业文化和品牌的外在体现。很多时候，消费者对品牌的感知是通过具体的、有形的人、事、物来实现的。

以餐饮行业为例，即使产品本身由国宴大厨精心制作，食材优质，但如果服务员在传菜过程中将手指伸入菜汤，那么即便菜品本身质量再高，消费者的体验也会大打折扣。

因此，企业品牌的良好印象必须依赖于整体的每个环节，尤其是每个个体的表现。

每个员工的行为都直接影响着消费者对品牌的感知，从而影响企业的整体形象。企业品牌建设不只是品牌部门、市场营销部门和创始人的职责，也是企业全体成员的职责。

产品是品牌的基石

产品体系是企业品牌的核心，产品则是品牌的基石。无论是品牌建设还是市场营销，其根本目的就是将产品销售出去。如果产品存在问题，再好的品牌建设和营销活动都难以成功。

产品对企业至关重要。企业的愿景、使命和价值观这些宏观层面的概念，都需要通过企业提供的产品来体现。产品是员工与公司愿景、使命之间的连接，也是公司与消费者之间的桥梁。

在营销的 4P 理论中，产品是第一个要素，是企业的基础。无论进行营销还是品牌建设，一切都是为了更有效地销售产品。如果产品做得不好，品牌营销就会失去其意义。

对于一家公司来说，如果品牌建设得很好，但产品质量不佳，这就会是一场灾难。许多企业因为产品问题而迅速消失。

企业的日常工作就是要做好产品，围绕消费者需求进行产品开发。在思考品牌和产品质量之间的关系时，企业经营者需要问自己，营销、品牌建设、组织构建、战略规划的目的是什么？答案是让企业经营得更好。

从直观层面来看，企业经营得更好的表现就是有更多的人愿意购买产品和服务。因此，产品是品牌的基石。品牌建设和市场营销的目的是将产品更好地传递给消费者。如果没有好的产品，品牌就会成为无本之木。

就品牌和产品质量而言，如果想要建立一个稳固的品牌，就绝不能忽视产品质量。消费者没有绝对的品牌忠诚度，他们之所以暂时使用某个产品，是因为该产品能够解决他们的问题。一旦产品无法解决问题，消费者就会转向其他选择。

产品质量和品牌实际上是共同体，两者并不冲突。消费者之所以对某品牌无条件信任，是因为该品牌的每一款产品都是精品，每一款都好用。

许多消费品牌之所以款款畅销，是因为企业认真对待产品开发，关注市场需求和反馈，并根据这些反馈调整产品策略，从而生产出消费者喜爱的产品。

媒介素养经营者的生存必备

数字时代下，资源短缺、人才匮乏以及同质化竞争成为普遍挑战。为应对变革，个体需要构建以媒介素养为核心的新能力体系——系统掌握媒介认知、解析与创新应用的综合素质。

媒介素养是数字时代的生存法则。美国媒体素养研究中心对"媒介素养"的定义：在面对不同媒体中的各种信息时，个体所展现的信息选择能力、质疑能力、理解能力、评估能力、创造和生产能力以及批判性反应能力。

简而言之，媒介素养指的是正确且建设性地利用大众传播资源的能力，能够充分利用媒介资源来完善自我和参与社会进步。它主要包括公众使用媒介资源的动机、方式方法与态度、有效程度以及对传媒的批判能力等。

传统从业者或恐惧或回避或固守旧模式，新生代却以媒介思维构建商业逻辑——他们深谙信息杠杆效应，将企业打造成自带传播属性的价值载体。

请注意，这里并不鼓吹全员网红化，强调构建底层传播架构：企业决策者无须精通视频剪辑，但须建立媒介战略思维；个体不必追逐流量，但需成为垂直领域的信息节点。媒介化生存的要义在于：以专业为锚点，用持续的内容沉淀构筑行业话语权。

传播的最低要求是消费者能听懂

在一次出差途中，我路过一家超市，听到门口的喇叭正在播放广告："xx 只需 0.9 元。"这个看似寻常的广告，实际上反映了许多企业、商家在营销传播和品牌传播中常犯的错误。

如果论价格低廉，0.9 元给人感觉不如 9 毛钱便宜。大多数人在日常对话中，更倾向于说 9 毛钱而不是 0.9 元。

许多企业可能都会感到困惑：为什么进行了长时间的传播，却没有收到预期的效果？除了媒介选择、传播次数等因素外，很可能的原因是消费者听不懂传播的内容。

企业在传播中常犯的几个明显错误包括：

第一，使用各种空洞的形容词"砌墙"，这些形容词可以用于任何企业，没有实际意义。

第二，喜欢使用华丽的辞藻，虽然有文采，但并不适合传播。

第三，喜欢创造一些莫名其妙的新词，美其名曰创新和差异化，结果只有自己明白，别人却看不懂，更不理解。

对于商家而言，传播本质上是与消费者的沟通，目的是促使消费者购买产品或服务，并帮助商家进行传播。但如果消费者听不懂商家传播的内容，又怎么可能购买产品或帮助商家进行传播呢？

因此，在制作传播内容时，我们必须真正站在消费者的角度，确保消费者能听懂，并且能够复述，这样的沟通传播才有效。

在传播过程中，口语和书面语是两套不同的体系。从人类传播的历史来看，先是有口语传播，然后才有文字传播，文字是从属于口语的，口语优先于文字，听觉优先于视觉。

因此，在营销传播和品牌口号设计上，首先，要明确所有的文案和口号都是消费者的购买理由，要直接明了，让人一看就知道你是做什么的，不要绕弯子，更不要玩文字游戏；其次，要站在消费者的角度，让消费者能够听懂、记住，并能轻松地帮企业传播，尽可能多使用口语，少用书面语。

品牌联名要"门当户对"

品牌联名是一种常见的营销策略，它通过将两个或多个品牌结合起来，共同创造新产品或服务，以期达到"1+1>2"的效果。

品牌联名的本质是一方的信任转嫁、另一方的信任租借，以及双方的资源共享。品牌联名不存在好坏之分，关键是要看联名的目的和意义以及联名双方的诉求。

品牌联名要看双方的实力和品牌势能。当参与联名的品牌在影响力和市场定位上存在较大差异，一个品牌的影响力明显大于其联名伙伴时，那么势能较高的一方必须仔细考虑这种合作的价值和意义。

从品牌资产的管理角度来看，不加选择的品牌联名可能会对品牌资产造成负面影响，导致品牌资产流失或稀释，比如品牌知名度、品牌形象、品牌信赖度、核心客户群体等，这些都是企业长期积累的宝贵资源。消费者甚至会质疑高端品牌的定位和价值，从而影响到品牌的形象和价值主张。

这种形象的稀释不仅会导致现有客户的流失，还可能使潜在客户对品牌望而却步。客户流失意味着品牌失去了忠实的支持者，而新客户的远离则意味着品牌失去了扩张市场的机会。

当然，对于品牌影响力稍弱的品牌来说，能与大品牌联名，这当然是求之不得的事情，但是要思考强势品牌为什么要与你联名，你能为对方提供什么。

因此，品牌在考虑联名时，必须确保合作伙伴与自己的品牌价值相匹配，以维护品牌形象和客户信赖度。

得到 App 创始人罗振宇老师曾讲过一个故事，有个朋友想帮得到 App 在彩票纸背面打广告，被罗老师婉拒了。

实际上，将得到 App 的广告印在彩票背面这件事，表面上看好像多了很多传播的机会，但是这个举动会让核心用户感到品牌价值降低，这种感知上的"掉价"会损害用户的尊严，进而影响到用户对品牌的认同和信赖。因此，品牌在进行联名或广告投放时，必须考虑到这些因素，避免做出可能伤害用户尊严的决策。

品牌年轻化的关键是思维革新

品牌年轻化是近年来备受关注的话题。众多品牌通过跨界联名、形象升级、新品发布等手段，来标榜或推动自身的年轻化进程。

品牌如何追求年轻化？年轻化不仅是增加几幅漫画、在包装上加入动漫元素，或是将大包装换成小包装。这些做法虽然必要，但只是形式上的改变，是品牌年轻化的外在表现。

品牌年轻化的核心在于思维和认知的更新。首先，企业要与时俱进，不断发展，满足消费者不断进化的需求。其次，企业要在产品、渠道、定价以及整个推广策略上，进行系统的升级和革新。例如，产品系统、组织承接能力、运营模式等方面，都需要相应的改进。

品牌年轻化的本质是从战略、思维、用户、产品、营销、品牌、推广、服务等多个维度，进行一次彻底的经营系统更新。

在考虑品牌年轻化时，企业需要有清醒的认知，彻底思考是否需要年轻化，以及为何要年轻化。

近年来，我研究了一些中华老字号和拥有国家级非物质文化遗产的企业，发现许多企业经营状况并不乐观。造成这种局面的原因多种多样，但核心问题还是思维观念的陈旧，无法放下过去的老思想。许多老字号企业的产品本身非常出色，但宣传资料和方式过于陈旧。

以某知名老字号企业为例，其营销资料中领导视察影像占比超95%，错将政府背书等同于市场竞争力。但是该企业的核心渠道并非政府采购。我曾帮助该企业对接了一些新渠道，但经营者放不下身段，认为自己是老字号，又受领导的关注，应该由他人主动寻求合作，最终合作不了了之。

思维观念的革新是许多传统企业的必修课。企业要么主动革新，要么被迫转型，市场会给出最好的答案。

年轻化就要让年轻人来搞

只有年轻人才能真正理解年轻人。一个希望吸引年轻消费者的公司,如果其核心团队中缺乏年轻人,那么实现品牌年轻化几乎是不可能完成的任务。

我曾经遇到过一家传统企业寻求合作,企业的董事长已经 70 多岁,总经理 50 多岁,其他高管也都在 60 岁以上。面对这样的长辈级高管团队,我们团队的平均年龄不到 35 岁,我感到了明显的代沟。我最终放弃了这个项目,因为我意识到自己无法改变他们对新事物的认知、感知和观念。

品牌年轻化不仅是对过去战略的简单迭代,它还涉及对未来发展趋势的洞察和把握。这关系到企业在当前利益和长远利益之间的权衡,是对未知未来的探索,也是一次彻底的系统更新。

年轻化不是一种简单的标签,而是深植于企业文化中的基因,它涵盖了从产品到营销、品牌,再到表达与呈现的完整系统。仅推出一两款联名产品,并不能称之为年轻化。

企业需要开发适合年轻消费群体的产品体系,而不仅是通过跨界联名来吸引眼球。但对企业而言,这往往意味着需要投入资源,甚至承担不确定的风险。

年轻化的表达和叙事方式,包括品牌的传播、市场营销、品牌故事、包装、渠道、媒介等,构成了一套完整的对话系统。在这个系统中,消费者不再是被动接收信息的对象,而是主动参与的一方;不再是单纯的接受者,而是与商家共同创造内容的合作者。

消费者在这一过程中兼具产品的设计者、购买者、体验者和传播者等多重角色。消费者的每一次分享,对商家来说,既可能是一种价值连城的推广,也可能是一种具有破坏力的负面评价。

商家需提供优质的产品和服务,保持畅通的对话系统,并以消费者喜闻乐见的方式产出内容;与新一代消费者"玩"在一起,关注其实际需求,理解其社交习惯,洞悉其情绪价值,以及他们的需求表达逻辑。商家要成为消费者内心的一部分，要在其需要时及时响应，并为其分享和表达提供便捷。

想要抓住时代的机遇，企业必须开放、包容、了解并认同新一代消费者的需求和价值观。这不仅是传统企业面临的机遇，也是必须应对的时代课题。

创始人才是真正的首席品牌官

在企业品牌建设中，角色定位至关重要。有些事情创始人可以授权他人处理，但在战略、品牌和文化方面，创始人必须亲力亲为。企业为了经营需要对品牌相关部门进行调整，这实际上表明了企业领导者对企业经营的深刻理解。同时，许多人可能并不了解企业内部真正的品牌系统是如何运作的。

许多企业设有品牌部门和品牌总监，但实际上，品牌战略、品牌定位以及品牌调性等关键决策都是由企业领导者做出的。因此，一个企业真正的品牌总监，实际上是创始人自己。

在进行品牌建设时，我建议采用"三位一体"品牌模型。这个等边三角形的顶角代表企业家（创始人）品牌，两个底角分别代表企业品牌和产品品牌。对于一家企业来说，一切都源于企业家的想法和梦想，由此诞生了品牌、企业和产品。

对于大多数企业而言，品牌部门主要负责执行层面的工作，执行可以分为三种：一是品牌部门独立完成的任务；二是依赖第三方资源，如品牌咨询公司、广告公司、公关公司等完成的任务；三是品牌部门与第三方资源合作完成的任务。

实际上，一些企业的品牌建设是由设计公司设计一套视觉系统。表面上看，企业似乎拥有了一套品牌符号，但在实际应用中却发现这套符号难以运用。这并非设计师设计的符号不佳，而是因为创始人没有参与符号的创建过程，从情感上缺乏共鸣，没有亲身体验，大多数情况下也想不起来使用。由于缺乏参与，不了解其形成的过程，即便是面对品牌符号，也无法生动地讲述其背后的故事。

通常来说，企业的品牌建设应该分为顶层设计和策略执行两部分。顶层设计部分包括品牌理念、品牌战略、品牌定位、品牌符号等，这部分需要创始人亲自参与和决策。策略执行部分，如品牌传播、品牌公关、媒体沟通等，可以由品牌部门具体执行。

在日常的品牌运营过程中，创始人不应做甩手掌柜，而应承担起监督品牌运营的职责，甚至进行必要的纠偏。因为从对品牌本身的认知来讲，创始人的理解是最深刻、最透彻的，只有他才知道自己想要什么，想要打造一个什么样的品牌。

在品牌运营过程中，难免会出现眼前利益与长远利益发生冲突的情况，如何在关键时刻做出权衡，需要创始人来决策。

从品牌传播的角度来讲，创始人亲自参与了品牌的创建过程，对于品牌的核心卖点、核心优势、为什么要这样建设品牌，会有更深刻的理解，分享的过程也会更加生动，更能够打动消费者。

许多创始人认为自己口才不好，这一方面是需要训练表达逻辑，另一方面是关于品牌的"素材"太少。就像我之前服务的企业，老板平时喜欢穿着印有企业品牌标志的T恤，在重要的场合，如媒体专访、重要发布会，他一定会穿着印有企业品牌标志的服装。这会引起别人的好奇，当别人提问时，实际上就是企业传播的好时机，同时他也能随时就其中某一个标志进行讲解，变成了他进行品牌传播的工具。另外，这种方式也变成了他个人品牌的一部分。

真正的销售不是卖东西，而是针对消费者的需求"讲故事"，把企业的使命、愿景、价值观等，变成消费者感兴趣的内容。产品或服务对于经营者来讲，是实现品牌理念的途径和载体；对于消费者来讲，是帮助他们解决问题、实现梦想、体现价值的道具。

因此，在服务企业品牌的过程中，我会花很长时间与创始人和核心团队进行深入交流，帮助其提炼出清晰的理念，然后根据这些理念着手符号的建设。创始人拿着这些符号能够滔滔不绝、如数家珍地讲述许多感人的故事和动人的理念。消费者要么被感动，要么被说服，最终产生行动，合作就达成了，产品就销售了。

随后，公司其他员工也会模仿创始人的做法，全公司上下统一的说法和动作，光是这些就已经让客户非常震撼了。

因此，创始人才是一个企业的首席品牌官或者首席品牌知识官。在品牌建设的过程中，创始人和核心团队一定要参与，提炼出品牌理念，最后可以请设计师帮助做视觉呈现。

品牌也有社交需求

根据马斯洛的需求层次理论，人的第一层需求是生理需求，简而言之，人要生存。对于品牌而言，无论是新生品牌还是历史悠久的品牌，其首要目标都是能够存活下去。

人的第二层次需求是安全需求，品牌同样也有安全需求，希望不受外界侵犯。品牌运营者的使命是保护品牌安全，如抵御假冒伪劣产品的冲击、防止侵权行为等。

人的第三层次需求是社交需求，也称为归属与爱的需求。每个人都希望得到家庭、朋友、同事和团体的关怀、爱护和理解，渴望友情、信任、温暖和爱情。

对于品牌来说，品牌也希望得到用户、媒体、公众和合作者的了解和信任，需要将自己的主张、信息和价值传递给外界，需要处理品牌内部、品牌与用户、品牌与媒体、品牌与公众之间的关系。

人的第四层次需求是尊重需求，每个人都希望获得外界的认可。品牌也希望获得用户、媒体和公众的认可和尊重，希望成为一个受人尊敬的品牌。

人的第五层次需求是自我实现需求。品牌的自我实现需求就是实现品牌的最终愿景和使命,品牌的自我实现需求决定了品牌发展方向，在品牌发展过程中明确哪些事情可以做，哪些事情不能做。

在品牌的五个层次需求中，最核心的需求是社交需求，它是实现品牌其他需求的基础。品牌只有通过社交与外界建立起良好的关系，通过社交将品牌的价值和理念传达给用户，才能获得更多的关注和吸引更多的用户。

当品牌实现了与外界的良性互动，品牌就有了生存的机会、安全的生存环境，品牌的价值理念被更多人接受，受到更多人的尊重，品牌就有更多的机会实现最终的愿景和使命，满足自我实现的需求。

如果用社交关系来阐释品牌，品牌与用户建立连接关系就像人与人之间交朋友一样。品牌传播的实质是在企业与消费者、产品与用户之间建立一种连接关系，这种关系就像人与人之间建立的连接关系一样，多数情况下，不是两个人一见面就会成为好朋友，而是要经历陌生、认识、熟悉、喜欢、信任、至交这六个层级，分别对应用户与品牌之间的六种关系：不知道、听过、知道、用过、再用、分享。层级越高，关系越牢靠。

品牌传播就是持续、重复地构建和深化这种连接关系。

重视品牌在企业内部的传播

品牌内部传播，顾名思义，是指品牌在企业内部进行的传播活动。这与雇主品牌建设在本质上是不同的。

为什么要进行企业内部传播呢？企业作为一种组织形式，其存在是为了完成特定的使命和目标，企业的所有行为都是为了实现这些经营使命和目标。

企业的日常运营需要协调各个部门围绕这些目标开展活动。品牌内部传播就是将经营目标、使命、价值观在企业各部门及其成员之间进行沟通传达，目的是让大家心往一处想，劲往一处使。

由于企业员工来自不同的成长环境，文化背景、教育程度和认知水平不同，即便是对同一事物，大家的理解程度也不尽相同。

虽然当提到"手机"这个词时，表面上大家都能理解，也都见过，但实际上每个人脑海中呈现的手机形象是不同的。如果让他们去设计手机，可能做出的样式会五花八门。

这就是为什么很多老板在日常工作中感到非常疲惫。一方面，他们讲的很多东西员工听不懂或理解不了；另一方面，员工表面上理解了，但他们的理解与老板的原意存在偏差，导致执行环节出现很大问题。

那么核心问题出在哪里呢？出在了沟通环节，沟通过程中信息不对等，双方没有共同的认知基础，也就是俗话说的"不同频"。

品牌内部传播的目的就是在企业管理者之间、管理者与成员之间、成员与成员之间建立共同的认知基础、共同的愿景、共同的使命和共同的价值观。这样才能降低企业的沟通成本、减少内耗、提升企业的效率。

西方营销理论认为，每个顾客背后都站着 250 个潜在顾客。对于一个企业来说，每个员工背后也有 200 多个潜在顾客。如果企业的每个员工都能清晰了解企业的经营使命、愿景、价值观和经营目标，那么每个人都能成为企业优秀的营销人员。

他们在日常对外交流中，无意间就已经把企业的信息对外传播，同时也能把外界对企业的相关反馈收集回来，便于企业及时做出调整。

品牌内部传播可以将企业的相关信息传播给每个企业成员，使每个员工都成为企业对外的传播者和宣传员。尤其是在社交媒体和短视频高速发展的今天，每个人都可以成为传播中心，每个员工都可以成为品牌传播者。

想想看，一个只有品牌部门负责对外传播的企业，与全员都是传播者的企业，哪个更具有影响力？

很多企业提出了"全员营销"的策略，要求大家在做好本职工作的同时去销售产品，甚至对每个非营销人员进行业绩考核，但收效甚微。关键在于品牌内部的沟通传播缺失，把一个对大家都有益的事情变成了不合理的要求。

品牌作为企业的符号，大多数时候消费者对其感知并不强烈。企业要帮助消费者解决问题，符号本身不会解决问题，而是要通过每个员工、每个具体的人去解决。

消费者根据自己接触的企业员工来感知品牌。消费者对企业品牌的感知是通过企业的每个个体实现的。

尤其是对于那些与人接触度较高的行业，更要注重每个员工对品牌的理解和体现。因此，个人品牌建设不完全是老板的事，每个员工都应该有个人品牌，所有个人品牌最终形成了企业品牌。

作为企业负责人，要不断在企业内部进行品牌传播，让每个人理解企业品牌。这种传播不是一次性的，而是要不断重复。作为企业创始人，首先要建立团队共同的愿景，其次是加强品牌在企业内部的传播，把自己对企业的理解、对企业的愿景变成全员共同的愿景，这样企业的使命才更容易完成。

如何与用户共创品牌

对于消费者而言，每个品牌在提供优秀产品和满意服务的同时，也应该成为自己领域的首席知识官，不断向目标消费群体传递相关的专业知识，并不断迭代，成为目标消费群体的专业顾问。

第一，品牌需要不断聚焦。越是聚焦和细分，品牌越容易成为权威专家，也越容易找到精准的用户群体。

第二，品牌应让用户参与内容创作。从传统的单向传播转变为多渠道互动，逐步培养网感，从用户视角出发，善用互联网工具。打造开放共享的平台，让用户充分参与内容创作。

第三，要充分利用社交媒体这一信息通道。在大众媒体时代，信息需要传统媒体不断传播才有可能成为热点。而在自媒体时代，一条信息或一个观点可能就会引发热议，成为热搜。

企业要实现品牌的自传播，首先，要用好社交媒体这一广泛的信息传播通道，如江小白、三只松鼠等品牌就是通过社交媒体打造品牌的典范。其次，要运营好粉丝这一传播群体，让粉丝参与产品设计、传播环节，成为品牌的传播者。例如，小米粉丝参与产品设计，哔哩哔哩用户成为内容生产者，江小白让粉丝参与文案创作和传播。

第四，要用好企业的自媒体。企业的自媒体是企业自有的媒体，如车辆、人员、服装、产品包装等，都可以成为品牌传播的渠道。例如，江小白的表达瓶本身就是品牌的广告载体，可口可乐的经典玻璃瓶也是免费的广告传播载体。

第五，要做好口碑和用户群体裂变。在互联网和社交媒体高度发达的今天，消费者处于高速体验和实时传播的状态。消费者不仅是被动的消费者，也是热情的传播者。消费者的随手拍、随手发朋友圈的口碑分享，对其他消费者而言，就是新的信息源，是购买决策的依据。

品牌要给消费者良好的体验，才能形成良好的口碑。首先，产品质量是产生消费者口碑的基础。其次，服务要好，产品销售出去的那一刻，服务才刚刚开始。最后，要多互动，让消费者及时分享良好的使用体验，消费者的使用体验和故事都会成为新的传播内容。

在品牌传播过程中，企业应把目标消费者从用户变成信息的传递者，实现信息的裂变。企业要主动创造品牌对话、创造消费者体验、构建社群，促进消费者直接参与品牌的构建与互动，使品牌成为其生活的一部分。

"三位一体"品牌模型

很多人经常会探讨品牌的基因。其实,企业的诞生和产品的诞生很大程度上源于企业家的一个梦想。企业是企业家实现梦想的组织,而产品则是企业家实现梦想和使命的工具。

我在帮客户创建品牌的过程中,通常会采用"三位一体"的品牌模型,如图6-6所示。这个模型是一个等边三角形,顶角代表企业家品牌,两个底角分别代表产品品牌和企业品牌。

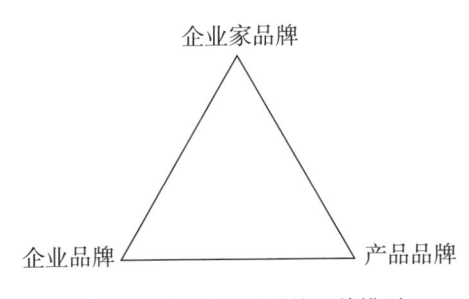

图6-6 "三位一体"的品牌模型

以上三者并非空洞无物,它们依托于企业,并以具体的、有形的产品或服务作为支撑,形成一个稳定的三角形关系,它们之间相互支撑、相互依托。

因为有企业家的梦想,所以有了产品和品牌;而产品和品牌的存在,使企业家的梦想能够更好地落地实施。如果企业家只有梦想和品牌,但没有优秀的产品作为支撑,那么企业最终难以走得长远,企业家的梦想也会成为空中楼阁。在商业世界中,我们见证了太多因产品问题而最终崩溃的品牌。

"三位一体"品牌模型的好处是在品牌营销过程中,如果消费者对企业家品牌感兴趣,就可以通过企业家品牌与企业产生链接;如果是一个产品主义者,对产品有着极高的热情,就可以通过产品品牌与企业产生链接;如果消费者对企业品牌感兴趣,就可以通过企业品牌与企业产生链接。

从"产品竞争"到"眼球竞争"

在当前市场环境中,产品和服务质量已不再是唯一的竞争点,在这个信息爆炸的时代,能否吸引受众的目光,往往决定了品牌能否被选择。

无论是面向企业还是面向消费者的品牌,企业都面临着一个共同的挑战:如何在众多品牌中脱颖而出,获得更多的关注。多媒体时代为企业提供了绝佳的展示自己的机会。

在传统的大众媒体时代,品牌宣传的途径相对有限,企业要么购买报纸版面,要么购买电视广告时段。然而,现在的情况已经大不相同。注册一个自媒体账号,就相当于开设了一家线上店铺,这不仅是一个品牌宣传的平台,也是企业产品与消费者的接触渠道,让消费者有更多的机会了解和体验产品。

这种变化意味着,品牌建设不再只是大企业的游戏。每个品牌,无论大小,都有机会通过社交媒体、博客、视频平台等渠道,以较低的成本获得广泛的曝光。这些平台不仅能够帮助品牌建立知名度,还能够与消费者建立更直接的联系,收集反馈,从而不断优化产品和服务。

在这个过程中,内容的创造和分发变得尤为重要。品牌需要创造有价值、有吸引力的内容,以吸引和保持受众的注意力。同时,通过精准的目标受众定位和有效的内容营销策略,品牌可以提高其在目标市场中的可见度和影响力。

此外,品牌还需要学会如何在多媒体环境中与受众互动。这不仅是发布信息那么简单,更重要的是倾听受众的声音,回应其需求和反馈,建立起真正的双向沟通。这种互动可以帮助品牌建立客户信任和忠诚度,从而在竞争激烈的市场中脱颖而出。

品牌经营者需要充分利用各种新媒体渠道,通过创造有价值的内容、精准的目标受众定位、有效的互动和沟通,来吸引和保持受众的注意力,从而在竞争中获得优势。

谁能吸引消费者的眼球,谁就有机会成为市场的王者。

品牌五大核心价值

品牌有五大核心价值。

第一，感知的触点。

企业在经营和市场营销的过程中，要尽可能为消费者提供感受和接触品牌、产品的机会和场合，帮助消费者形成体验，了解产品。

品牌所有对外传播的内容、方式，传递出来的价值，都会成为消费者了解企业的接触点和建立信任的机会。

第二，信任的容器。

不管是做品牌还是做营销，核心就是解决客户信任问题。

消费者之所以选择某个品牌，是基于对品牌的信任。如果其支付能力和需求都没有问题，却对产品持观望态度，往往是因为信息不足以支撑其信任与决策。

品牌如同容器，承载了企业的各种要素，并转化为消费者信任的基础。

通常一个新产品在推向市场的时候存在导入期，因为建立消费者认知与信任是需要时间的。而当消费者使用过某个品牌的产品，有一定的信任基础，当这个品牌再推出新品时，消费者可能会基于其对这个品牌的信任，把对品牌的信任延伸到新产品，形成信任背书并愿意去尝试。

随着时间推移，消费者体验的产品品类越多、正向体验越丰富，对于品牌的信任基础就越牢固。

第三，行为的标尺。

品牌对于一个企业来讲实际上是一个行为标尺。比如说我们定位要做行业领军品牌，那在日常的组织运营和企业管理过程中，能不能达到一个品牌的标准，这是企业员工在日常工作过程中统一自觉去对齐的一种行为标尺。

从企业要求员工学习，变成激励、引导员工自主去对齐专业标准，因此品牌实际上变成了行为的标尺。

第四，永续的资产。

品牌就是企业的资产，是一个信任的容器，我们今天所做的所有关于品牌的建设和投资,实际上都是不断地在加固这个容器,让这个容器更大、更深、更广,实际上对于企业来讲就形成了"护城河",慢慢就变成了无形的资产。

正因如此,我们听到很多跨国公司的 CEO 这样说:即便一场大火将工厂付之一炬,我们仍可以凭借品牌东山再起,因为品牌已经成为最宝贵的无形资产。

第五,博弈的工具。

在商业活动中,品牌无论是以何种形式呈现,都可以有效解决买方的信任问题和卖方的承诺问题,是卖方实现顺利交易的博弈工具。

对于消费者而言,在面对众多同质化产品、面临诸多不确定因素的情况下,多数人会选择自己熟悉的品牌旗下的产品,以减少决策的成本和决策失误带来的损失。

消费者在面对没有使用过的产品时,在价格差不多的情况下,大多数人会倾向于购买品牌的产品来对冲内心对于不熟悉而带来的不确定性,增加内心的安全感。

在消费者内心,同一种类型的产品,品牌产品出问题的概率通常比非品牌产品要低一些,即便是出现了问题,品牌产品的服务和维权也更容易一些。

此时,品牌不仅是同行业之间博弈的工具,同时也是企业与消费者之间博弈的筹码。

对于市场上的老牌企业,即便像可口可乐、麦当劳这样家喻户晓的知名品牌,每年依然需要斥巨资进行品牌建设。

因为消费者在不断变化、竞争对手和竞争格局在不断变化,只有不断强化品牌建设,才能降低被消费者遗忘的概率,否则很快就被竞争对手的强大品牌攻势"淹没"了。

对于新成立的企业而言,不仅消费者对其不了解,而且在资金、产品、人才等各方面都较弱,还需要与强大的竞争对手争夺资源,难度可想而知。

因此,这样的企业就需要进行品牌建设从而在市场中脱颖而出,品牌就是新企业赢得市场的"通行证"。

以用户为中心构建生态

企业品牌和营销的核心目的是让产品以更好的形式被销售，无论是有形的产品还是无形的产品（服务）。在新商业时代，产品的概念已经不仅局限于具体的物理商品，而是扩展到了"大产品"的概念，这包括了场景、情绪价值、用户触点等。

产品系统仍然是围绕一个核心产品构建的，而系统产品则由多个产品组成，形成了一个产品集群，类似于一个家族。以餐饮行业为例，产品不仅包括一道道美食，还涵盖了从引流的宣传物料、门店的装修风格、场景布局、门店音乐、员工迎宾语、餐具、打包盒、餐巾纸等，这些都应包含在产品的范畴之内。任何一个环节出现问题，都会影响到客户的体验。

许多餐饮企业会关注具体的产品和服务质量，却忽视了客户体验的打造，比如氛围营造、人员培训、品牌传播等关键环节。在服务体系中，人是最重要的一环，服务人员的专业素养与真诚热情直接影响客户体验。事实上，企业所有对外展示的内容，从严格意义上来说，都是产品，都应该有品控。

在新商业时代，企业需要从客户视角出发，与客户建立沟通，拥有客户语言，并构建与客户的关系。产品应该是围绕客户的，这意味着企业需要将客户放在中心位置，以客户的需求和体验为导向构建品牌。

因此，企业在对外展示的内容上，无论是通过广告、公关还是其他营销手段，都应该保持品质控制，确保每次客户接触都能传递出品牌的价值和理念。这样的品控不仅是对物理产品的控制，也包括了对服务、体验和沟通内容的控制，以确保客户能对品牌建立起清晰、独特的认知。

品牌管理如何应对内容风险挑战

决定企业能存活多久的一个关键因素是内容的稀缺性和质量。内容营销的前提是要有吸引人的营销内容,但内容生产出来后,能否有效传播同样至关重要。

企业必须关注内容的稀缺性和质量。从传播的角度来看,传播效果很大程度上取决于内容的质量。传播了什么内容,最终达到了什么样的传播效果,这些都是企业需要关注的。

然而,在内容生产或分发过程中,内容能否有效触达受众,内容质量是否上乘,平台是否愿意推广,内容是否能够吸引流量,这些都是企业应该关注的点。

此外,企业生产的内容能否触达目标客户群体,实际上取决于内容的生命力。

除了内容的质量,还有几个非常重要的考量点:

第一,内容是否符合政策:内容必须遵守相关政策,否则可能面临审查甚至下架。

第二,内容是否符合法规:内容必须合法,违反法律法规的内容会导致严重后果。

第三,内容在专业方面是否有问题:如果内容在专业上有瑕疵,可能会被专业人士迅速驳斥,从而无法继续传播。

第四,内容是否触及大众情绪:内容如果引起大众的强烈情绪反应,可能会引发风波或舆情,影响内容的传播。

第五,内容是否尊重文化和习俗:内容是否尊重文化习俗,不尊重文化习俗的内容会被迅速抵制。

在品牌传播过程中,这些正是需要防范的风险点。传统风险管理通常聚焦于企业的经营风险、财务风险、法律风险、市场风险等,而内容层面同样存在不容忽视的风险。因此,我们可将其系统归纳为"内容风险"或"内容风控"。品牌传播必须建立完善的内容风控机制,确保内容的安全性和有效性。

第一章 个人精进

第二章 战略共识

第三章 团队修炼

第四章 科学经营

第五章 杜绝内耗

第六章 品牌共建

第七章 营销创新

传统"忽悠式营销"为何玩不转了

理解营销应从放弃对营销的幻觉开始。客观来说,营销是基于优质产品、良好组织、有效渠道、合理定价和科学推广的一系列操作,这些要素缺一不可。

营销不仅是销售产品,更不是"忽悠"消费者,而是实实在在的价值传递过程。营销不是投机者的灵丹妙药,品牌也不是劣质产品的救命稻草,营销不应成为"割韭菜"的镰刀。面对劣质产品,营销同样无能为力。

那些所谓的一鸣惊人、一飞冲天、一夜爆红的营销绝招,多数只存在于影视剧中,在现实世界中极少存在。脱离实际情况谈论营销,就像脱离剂量谈药效一样,都是不负责任的行为。

营销从表面上看是产品与货币之间的交易,但实际上是经营者与消费者之间的互动。正如马克思在《资本论》中所揭示的:商品是物,不能自己到市场去,不能自己去交换,因此商品要进行交换就必须寻找它的监护人,即商品的所有者。

推动营销发展的核心动力是消费者的需求。营销是信息传递、价值传递、信任建立和双方博弈的过程。

"营销"中的"营"意味着谋求和规划。简而言之,优质产品是基础,但还需要好的策略和创意。

营销是观念和感觉的传递过程,其核心在于消除消费者的心理障碍。当消费者还未决定是否要使用某个产品时,你越是推销,他可能越是退缩、越是捂紧口袋。但一旦他的观念被打通,认识到产品的价值,他就会主动追求。

因此,营销不仅是交易的艺术,更是理解、满足和创造消费者需求的科学。它要求我们深入了解消费者,以建立信任和价值传递为基础,构建消费者对品牌的忠诚度。

如何把流量抓在自己手里

从古至今，流量一直是稀缺资源。无论是高价购买黄金地段的商铺，还是争夺央视的"标王"，其核心都是对流量的争夺。流量意味着更高的关注度和更大概率的成交转化。

从供求关系来看，当供给大于需求时，流量争夺就会激烈，流量成本也就会昂贵。平台规模越大、质量越高，其流量成本也越高。

面对流量的激烈竞争，单纯依靠技巧撬动流量的难度日益增加，企业要么面临流量匮乏，陷于困局，要么不得不花费巨资购买流量，导致流量成本不断攀升。而且即便企业愿意投资购买流量，也不一定能够获得预期的回报。

华为创始人任正非先生曾指出：当公司面临机会与成本的冲突时，我们是要机会还是要成本？首先要机会。抓住了战略机会，花多少钱都是胜利；抓不住战略机会，不花钱也是死亡。

对于许多平台而言，即使流量成本高昂，如果需要抢占先机、实施战略布局，仍然应该投资购买流量，因为随着时间的推移，流量成本只会越来越高。

如何掌握流量的主导权呢？可以尝试以下几种方法：

首先，通过人获取流量。

哲学家普罗泰戈拉曾说，人是万物的尺度。人是流量的核心。无论是在传统媒体时代还是社交媒体时代，懂得获取流量的人总能吸引关注。

如今，许多企业家都在打造个人IP，拥有个人IP的人无论走到哪里、做什么事情，总能自带话题和流量，为企业节省巨额的流量费用。在流量竞争时代，这无疑是一个有效的解决方案，值得投入时间和精力。

其次，通过品牌建设获取流量。

传统观点认为流量是品牌的毒药，但实际上品牌和流量并不冲突，而是相互支撑。以苹果公司为例，每次新产品发布都会吸引巨大的流量和关注，而这些流量和关注又会推动品牌知名度的提升。

现在有一些观点认为，企业应该将资金直接用于购买流量或寻找带货主播，而不是品牌建设。然而，品牌的价值远不止于销售几个产品，应该改变这种观念，将重点回归到品牌建设和内容建设上。

最后，通过产品吸引流量。

优秀的产品本身就是流量的来源，并且能够形成流量的二次或多次分发。例如，知名品牌的产品，不仅天生自带话题和流量，还会随着消费路径进入千家万户，形成多个流量分发中心。

企业应该投入更多时间用于产品开发，尽可能打造优质产品，虽然这并不容易，但却是正确且必要的。持续的产品迭代是获取持续流量的基础。

品牌是营销的信任凭证

诺贝尔经济学奖得主罗纳德·哈里·科斯提出了交易成本的概念，指的是在交易过程中存在的阻碍交易的各种因素。这些因素主要表现为信息不对称：一方面，商品可能非常优质，但消费者可能并不知情；另一方面，消费者有需求，但卖家并不了解。

交易成本不仅存在于客户端，也存在于经营端。客户端的交易成本包括消费者在搜寻产品、做出交易决策、对比产品等过程中所需付出的时间、金钱和心理成本。而经营端的交易成本则涉及传播成本、沟通成本和信任成本等，这些都是企业在销售过程中必须承担的。

品牌在这一过程中扮演着重要的角色，它实际上是一种信用凭证。面对信息不对称时，品牌作为一种信任的载体，帮助降低交易过程中的不确定性。

在实际经营中，消费者犹豫不决，不愿下单的一个重要原因可能是他们的信任度不足以支持他们做出购买决定。而选择大品牌的产品，即便出现问题，消费者也知道应该找谁解决，这种信任本身就是一种背书。

因此，品牌作为一种信用凭证，能够有效降低消费者的顾虑，减少双方的交易成本。品牌通过建立信誉，为消费者提供了一种保障，使他们更愿意进行交易。这种信任的建立，不仅减少了消费者的购买风险，也降低了企业在销售过程中需要投入的沟通成本。

品牌的力量还体现在其能够为产品或服务增加附加值。一个强大的品牌能够在市场上脱颖而出，吸引并保留消费者，同时提高产品的溢价能力。品牌忠诚度的建立，使消费者更倾向于重复购买和推荐给其他人，这种口碑传播进一步降低了企业的获客成本。

在数字时代，品牌建设不仅依靠传统广告，还应包括社交媒体互动、客户评价和在线社区的参与。这些渠道为品牌提供了与消费者直接沟通的机会。

品牌作为一种信用凭证，是降低交易成本、建立信任、提高交易效率的关键。企业应该投资于品牌建设，通过提供高质量的产品和服务，以及积极的客户互动，来培养和维护品牌的信誉。这样，品牌不仅能够为企业带来经济上的利益，还能够为企业在竞争激烈的市场中赢得竞争优势。

用品牌塑造稀缺性

"物以稀为贵"的说法，揭示了供求关系的本质。在各行各业中出现的"内卷"现象，往往是供大于求和同质化竞争导致的。

有时候，价格并非仅由价值决定，而是受供求关系影响。当需求大于供给时，资源的稀缺性就会成为影响价格的关键因素。

如果企业无法通过技术占领市场，提供独一无二的产品，其实可以通过打造品牌来塑造稀缺性，这实际上相当于间接地改变了供求关系，是破解"内卷"的有效方法之一。

无论是面向企业（ToB）的品牌还是面向消费者（ToC）的品牌，经营者都需要关注品牌的知名度。因为知名度是塑造稀缺性的基础。企业完全可以利用现代的传播工具和手段，来打造品牌的影响力和知名度。

在传统媒体时代，企业需要投入巨资购买电视广告时段或报纸版面。但在数字时代，企业注册一个账号就相当于拥有了自己的媒体平台，可以传播观点、输出内容和推广产品，拥有用品牌塑造稀缺性的机会。

许多传统企业和品牌面临的年轻化、现代化趋势，实际上是它们转型的机会。实体企业的互联网化或电商化也是一次重要的机遇，这有助于在同行业竞争中塑造稀缺，从而避免直接竞争，间接改变供求关系。

"感觉有价值"比"有价值"更重要

品牌增长的关键在于回归经营的本质，即回归商业的本源，关注人、需求和价值这三个核心要素。过去的做法是"先有产品再找市场"，而当下优秀的企业营销多数是"先有市场再有工厂"，也就是根据市场需求来定制产品，真正为消费者提供价值。

许多商家营销做不好的原因，是过于关注营销而忽视了消费者的真正需求。只有关注客户需求，才可能为消费者提供价值。

在当下的营销环境中，买卖双方的地位发生了根本变化。企业需要围绕当前消费群体的需求创造价值，还要学会将价值传递给对方，消除交易过程中的信息不对称，建立对话系统，进行有效沟通。价值感知不仅要求我们提供价值，更重要的是确保对方能够感受到价值——不仅要有价值，还要有价值感。

以某肩颈护理连锁品牌为例，我给服务团队提了一个关键建议：设计 3 次与顾客的关键对话：服务前，询问顾客具体哪里不舒服。服务中，针对顾客提到的疼痛部位重点护理，并询问顾客感受。比如顾客说颈椎有问题，就重点进行颈椎护理。服务后，必须询问顾客是否得到改善，有没有感觉好一些。

你可能会觉得这不过是常规问询，但事实并非如此。大多数顾客都有一个特点：如果症状减轻或消失，他们对专业护理的印象并不会特别深刻。这个关键提问：体现了对顾客的关心；有助于掌握服务满意度，推动服务提升；让顾客明确感受到效果。

如果没有服务结束时的关键对话，顾客对服务的印象会大打折扣。如果他还去过其他同类型门店，可能会觉得服务、仪器、环境都差不多，最终导致顾客流失。而这关键一问：提醒顾客关注效果；了解顾客真实感受；让顾客体验到差异化服务。

如果顾客反馈良好，服务人员可以顺势建议："如果您能连续调理 3 次，效果会更好。"这样就锁定了顾客后续的到店消费。仅仅多了这一句话，就使该品牌顾客复购率提升 30%，转介绍率也显著增加。当然，前提是服务确实优质、有效。

很多服务行业头疼的锁客问题,不需要通过办卡、充会员等传统方式,用这种方法就能解决。这就是"峰终定律"在实际中的应用。

让顾客感受到价值,比企业自说自话更有意义。

营销的首要任务是创造顾客

现代管理学之父彼得·德鲁克在其经典著作《管理的实践》一书中明确指出，企业的首要任务是创造顾客。营销和创新是实现这一目标的主要手段，它们相辅相成，共同为企业带来新的市场机会和顾客群体。德鲁克强调，营销是企业的基本功能，它使企业能够真正了解并满足顾客的需求，而创新则是企业持续发展的关键，它使企业能够适应市场的变化并保持竞争力。企业的其他功能，如生产和财务，虽然重要，但它们都是为了支持营销和创新活动。因此，企业应将主要资源和精力投入到营销和创新中，以确保长久的生存和繁荣。

当一个人不知道自己想要什么时，他也就无法确定自己应该采取哪些行动。在营销实践中，不清楚目标就会迷失方向。企业进行的各种经营活动，其根本目的都是吸引和创造顾客，为产品和服务建立需求。

假设你开了一家饭店，所有的设施（桌椅板凳）都已准备就绪，大厨已到位，食材也已采购完毕，一切都看似完美。但如果没有顾客来用餐，那么这一切完美的准备都失去了意义。

企业必须明确自己的营销目标，并围绕这些目标制定策略。这意味着要深入了解目标顾客的需求和偏好，创造真正符合他们期望的产品和服务。同时，企业还需要不断创新，以适应市场的变化和顾客的演进需求。

营销不仅是推广和销售现有的产品，更重要的是理解和满足顾客的需求，从而吸引新顾客并保持老顾客的忠诚度。这需要企业在营销策略上进行深入的思考和精准的执行，确保每一次营销活动都能够有效地吸引和保留顾客。

因此，把创造顾客作为营销的核心任务，始终将顾客的需求放在首位，通过营销和创新来满足这些需求，从而实现企业的长期发展和成功。创造顾客就是创造业绩，创造持续的增长。

尽量不要做市场启蒙

在市场营销过程中，多数人喜欢做市场启蒙的工作，结果发现费力不讨好。

比如，某公司早于市场领军品牌研发了一款智能手表，却没有立即大规模推向市场。直到两大国际品牌推出同类产品后，该公司才顺势将自己的智能手表推向市场。

该公司的负责人解释说，尽管他们最早研发出了这款产品，但由于消费者对这款产品缺乏认知，需要投入高昂的成本进行市场启蒙工作，这对于一个新品牌来说风险极高。

相比之下，国际品牌可以利用其强大的品牌影响力和资源，帮助消费者建立起对这款产品的认知。一旦消费者有了基本认知，就无须再向消费者解释为什么要使用这款产品，而只需强调自己的产品特性、品牌调性和理念，从而说服消费者选择其产品。这样，该公司就节省了大量的人力、物力和财力。

善于思考的人可能会有疑问，不是说建立认知是打造品牌的核心吗？为什么又说尽量不要做市场启蒙？实际上，这两者并不矛盾。认知教育是从 0 到 1 的过程，需要改变消费者的观念和认知，难度非常大。

但如果能在消费者已有的认知基础上进行市场切分，就会相对容易得多。这样做既关注了效率，又降低了风险，还节约了成本。

谨慎选择客户

企业所服务的客户类型和规模，最终将成为企业自身的标签。一旦消费者形成了对企业或品牌的刻板印象，就很难改变。

因此，企业需要谨慎选择服务的客户类型，学会选择和拒绝客户。

新兴品牌更容易获得新客户的认可，因为这些品牌在客户心中还没有形成固有的认识，而老品牌想要改变固有印象则要困难得多。

在市场营销过程中，新客户对一个不熟悉的品牌的认知，往往基于它之前服务过的客户。例如，我在山西服务的第一个客户是一家新能源企业，之后便有许多新能源相关的客户主动寻求合作，足见客户类型对企业形象和市场定位有着直接的影响。

企业经营者应该意识到，选择服务哪种类型的客户不仅是业务决策，也是品牌建设的一部分。服务某些客户可能会限制企业未来的发展方向，而服务其他客户则可能为企业打开新的机会。因此，企业在制定市场战略时，应该考虑长远的品牌影响，而不仅仅是短期的利润。

从长远的角度来看，企业需要明确自己的目标市场和理想客户，这不仅有助于塑造企业的形象，还能提高市场竞争力。通过精心选择服务的客户，企业可以更好地控制自己的市场定位，避免被不相关的客户群体所拖累。这种策略有助于企业在市场中建立清晰的品牌形象，吸引合适的客户群体，从而实现可持续发展。

用好品牌触点，增加用户感知

其实每一家企业的经营者，都希望用户能多了解自己，但现实中多数人又苦于没有资源，不知道如何去做，实际上每家企业都有至少六大对外展示的"窗口"，可以将其作为消费者了解品牌的触点（见图7-1）。

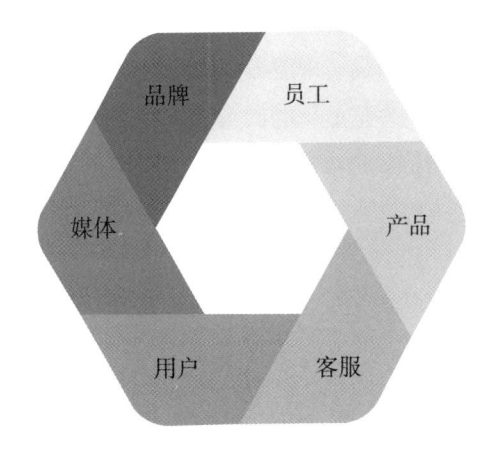

图 7-1　六大对外展示"窗口"

第一是品牌。

企业的品牌不断地向外界展示公司的形象。企业需要思考如何塑造形象、展示形象以及在何处展示形象。

第二是员工。

企业内外部员工需要接受良好的培训，以确保他们能够代表公司的形象。

第三是产品。

企业的产品说明书应该清晰易懂，以便用户能够快速理解如何使用产品。一个易于理解、功能强大且使用简便的产品说明书能够给用户留下深刻印象。

第四是客服。

客服部门，尤其是客服热线，是收集用户反馈的重要渠道。遗憾的是，许多企业的客服电话难以接通。企业应该认识到，用户愿意进行投诉和反馈，表明他们对品牌仍有期待，这是改变他们负面印象的宝贵机会。

第五是用户。

企业的老用户的经验可以作为新用户的参考，因此维护老用户的关系至关重要。

第六是媒体。

企业的媒体包括企业自有媒体和企业所注册的社交媒体，社交媒体每天发布的内容，代表了企业的品牌、形象和价值倾向。严格来说，企业媒体应该算做是企业产品的一部分。

企业应该主动向目标消费群体展示自己，帮助他们了解自己，并创造与目标消费群体接触和增进了解的机会。未能主动帮助用户了解自己是经营者的失职。

许多企业虽然高喊"用户至上"的口号，但在实际经营中并未帮助用户了解自己，这使得口号变得空洞。传播是让别人了解你的产品和品牌，是企业的基本行为。

营销效率来自创新

当下，各行各业都在提质增效，经营效率决定企业能否适应未来的竞争。

如何解决营销效率的问题？一种方式是到处找客户；另一种方式是"树立一杆大旗"，把企业的愿景、使命、价值观通过现代化的媒介传播工具传播出去，让有相关需求的客户主动来找你。

这两种方式同样都是营销。第一种方式，到处找客户，会花费巨大的时间成本、财务成本，主动权掌握在客户手里；第二种方式，"树一杆大旗"，让有需求的客户来找你，主动权就掌握在你手里。

我第一次创业时，面临的巨大问题就是到底如何把自己的公司推向市场。我跟合伙人商讨，传统的营销策划公司、品牌咨询公司用的市场推广方法我们坚决不用。

传统的公司通常会拍个宣传片，将其刻入光盘或者存入U盘，设计一本画册、一个纸质的手提袋，印上公司的 logo 和 slogan，营销人员带上名片和这些物料挨个去陌拜。

但是这种方式容易吃闭门羹，我就给我的合伙人讲，我说这种方式我们坚决不用，他问为什么，我说你想想看，假如你是那个客户，你遇到这种情况，你会有什么看法。

作为一家营销策划公司，如果连自己都营销不好，怎么可能帮客户做好营销呢？所以我们当时就请了我的一位老师，我们俩联合做一场演讲，主题就叫《传统企业如何实现"互联网+"》，因为那几年"互联网+"、大众创业、万众创新比较火。一场演讲我们就拿到了 500 多个企业老板的资源。

那么接下来我从这 500 位老板中挑选出 10 位进行服务。所以通过这个方式，一下把知名度打出来了。

我们又近距离地通过内容营销，把我们自己的价值传递出去，最后变成了大家主动找我们合作。

我们当时刚刚创业，还年少轻狂，列出了几种不合作的情况，想要找我们合作，没问题，先列出我们的条件，问客户是否能接受，能接受的话我们才进入下一个环节，接受不了可能就直接拒绝合作了。

现在企业讲求精益管理、精益生产、精益创业，一定是回到品质，从原来追求数量变成小而美、小而精、小而优，提升营销效率，把规模做小、把利润做高、把品质做扎实。

营销效率提升的核心驱动力在于创新，主要体现在三个层面：

首先是产品和技术创新。众多企业追逐爆品战略，本质上是因为爆品能够带来极高的营销势能。

其次是营销方式的革新。无论是渠道拓展、模式重构还是推广策略，都需要突破传统思维框架。

最后是营销工具的升级。"工欲善其事，必先利其器。"纵观营销发展史，每一次重大创新都伴随着工具的革新，这些变革持续推动着营销效率的跃升。

营销工具的创新价值体现在多个维度，它不仅是提升效率的"加速器"，更是突破传统营销边界、创造新增量的"催化剂"。

一切围绕顾客便利

"客户第一""用户至上""顾客是上帝"都指向一个宗旨：一切都为方便消费者。

在营销方面，要及时做好传播，不要让消费者花太多时间去寻找。想购买的时候，随时可以下单，不仅如此，物流还要快，能在用户的焦急等待期内，将产品送到消费者手里。

要做好品牌建设和信任背书，不要让消费者花太多时间去做决策，去做比较。需要主动帮助消费者了解你，打造消费者了解和体验产品的场景。

很多人都希望消费者能帮忙转介绍，帮忙发朋友圈，有时候消费者不是不帮忙推荐，而是不知道如何推荐。作为经营者，要积极主动帮助消费者准备好内容和素材，当消费者有意愿帮你转发、分享的时候，就可以一键转发，尽可能不要让消费者再花时间和精力去准备分享内容。

很多优秀的企业，会在其官网、小程序、公开资料中，有一个专门的板块告诉消费者如何向他人介绍公司和推荐业务。

有一年我回老家过年，在春节期间，想找一家草莓采摘园，但是通过各种渠道，如社交媒体和地图搜索都没有找到任何一家采摘园的信息，后来在一个出租车师傅的带领下，才找到了一家采摘园，但是到了那边之后才发现，周边其实有很多采摘园，只是大家都没有宣传的意识。

企业要找准定位，以方便消费者找到自己。准确的定位实际上就是告诉消费者，你是谁，你能为消费者提供什么样的服务。

在我首次创业时，成立了一家文化传媒公司。但是公司注册之后我很快发现，当地的婚庆公司、照相馆、演出机构都在使用"文化传媒"这个行业标签。

这个发现让我立即做出决定：把公司更名为营销策划公司。因为我提供的是营销策划服务，如果继续扎在文化传媒公司中，将永远无法建立差异化优势。

告别直觉，用数字说话

优化营销管理的核心在于对过程进行量化处理，这意味着经营者在经营实践中，应该以数据为基础来设定目标和进行规划。在制定计划时，经营者应当尽量摒弃模糊的形容词，转而使用具体的动词和量词来明确表达，这样做可以提高计划的可执行性和可度量性。

在实际的管理过程中，经营者经常会遇到依赖直觉或表面现象来做决策的情况，但这种方法往往不够准确，有时甚至会产生误导。经营者应该依赖数据指导我们的决策、分析和考核。通过数据，如达成率、相关财务数据等关键指标，经营者可以更客观地评估项目的进展和效果。

对于产品是否受到顾客欢迎的问题，企业不能仅依靠主观感觉或者模糊的描述。相反，企业需要查看具体的顾客数据来进行判断。这些数据包括但不限于：

第一是兴趣度。有多少人对产品表现出了兴趣，这可以通过市场调研、网站访问量、广告点击率等数据来衡量。

第二是选择率。在所有感兴趣的顾客中，有多少人最终选择了购买这款产品，这可以通过销售数据来跟踪。

第三是使用频率。顾客购买产品后，使用产品的频率如何，这可以通过产品内置的追踪功能或者顾客反馈来了解。

第四是退货率。产品的销售退货率是多少，这直接反映了顾客对产品的满意度。

第五是美誉度。顾客对产品的直接反馈和建议，可以通过顾客服务记录、在线评论和社交媒体上的互动来收集。

通过这些具体的数据，企业可以更准确地了解产品在市场上的表现，而不是仅依赖于"大家都挺喜欢的"这样模糊的表述。有数据支撑的决策更为科学和可靠，能够帮助经营者更好地理解市场动态，优化产品，提升顾客满意度，并最终实现业务目标。

真诚是营销的必杀技

著名艺术家蓝天野老师有一句话，对于企业经营者非常有启发：没有什么道路可以通往真诚，因为真诚本身就是道路。

这不仅是一句艺术上的箴言，也是商业实践中的金玉良言。在当今这个信息高度透明化的时代，消费者更加精明和挑剔，他们能够轻易识别出哪些是真诚的价值提供，哪些是过度包装的营销噱头。

随着消费者的意识觉醒，他们不再轻易被高价标签所迷惑。他们明白，很多企业在营销和品牌塑造中投入巨额资金，而非产品本身。这种认知的觉醒使消费者开始寻求更加真实、透明和性价比高的产品，他们对那些华而不实的营销手段越来越不感兴趣。

在这种背景下，消费者之间的信息共享和集体行动变得更加容易。他们通过社交媒体、在线论坛和口碑传播，迅速集结成社群，共同抵制那些不真诚、不道德的商业行为。这些泛组织的形成，不仅在物质层面上对商家构成挑战，更在心理和情绪层面上对商家的声誉和品牌价值造成影响。

在这样的市场环境中，企业必须回归到商业的本质，思考如何通过提供真正的价值来吸引和留住消费者。这意味着企业需要深入了解消费者的需求，提供高质量的产品和服务，建立真诚的客户关系。消费者选择购买产品的理由不再是广告宣传效果好，而是他们真正感受到了产品的价值和企业的诚意。

在消费者日益觉醒的今天，只有那些能够提供真诚价值的企业，才能在激烈的市场竞争中脱颖而出，赢得消费者的信任和忠诚。

耐心是通往长期成功的关键

彼得·德鲁克曾指出，人们往往高估了 1 年所能取得的成绩，而大大低估了 30 年、50 年所能取得的成绩。这句话提醒我们，短期的成功可能被过分夸大，而长期的努力和坚持往往被忽视。在追求成就的过程中，耐心和长远的视角是至关重要的。

在企业营销过程中，无论是建立业务关系还是拓展客户，这都是一场持久战。业务达成需要时间和过程，急于求成反而会影响成交。不要急于求成，不要因为一时的挫折而放弃。只要沟通的渠道保持开放，只要客户还愿意回应你的信息，接听你的电话，你就始终拥有机会。

在商业实践中，不应该过分关注短期的成败得失。相反，应该将视野放宽到 10 年、20 年甚至更长的时间跨度来审视企业的商业活动。在这个时间框架内，经营者可以更清晰地看到趋势，更准确地评估策略的长期效果，以及更有耐心地等待投资和努力的回报。

这种长远的视角有助于经营者避免因短期的波动而做出冲动的决策，更有助于构建稳固的业务基础和持续的增长动力。它也鼓励经营者在面对挑战时保持冷静和坚持，因为只要持续努力，不断改进和优化，终有机会取得成功。

然而，真正的耐心并不意味着被动等待，而是深刻理解了时间价值背后的坦然和积极行动。

清单是营销的有力工具

清单是营销的有力工具。

在我为客户提供内部培训时，通常会准备一些便携的小笔记本，分发给每位参与者。这样做的目的是鼓励营销人员培养随时随地列清单的习惯，以便更好地管理自己的目标和计划。

清单是一种强大的工具，它能帮助我们逐步执行任务，并关注任务中的细节。通过清单，我们可以清晰地知道哪些任务是优先的，哪些可以稍后处理。这种有序的安排让我们能够有条不紊地推进工作。

实际上，清单不仅帮助我们把控细节，还让我们能够按照既定的顺序执行任务。每完成一项任务，就在清单上打一个勾，这种小小的成就感会激励我们继续前进。

清单还能帮助我们减少压力和焦虑。当我们面对一大堆任务时，很容易感到不知所措。但通过将大任务分解成小步骤，并在清单上一一列出，我们就能更清晰地看到每个任务的完成路径，从而减少心理上的负担。

在培训中，我会强调清单的重要性，并与参与者分享如何有效地使用它们。我会分享一些实用的技巧，比如如何根据任务的紧急性和重要性来排序，如何将复杂的任务分解成可管理的各个部分，以及如何定期回顾和更新清单，以确保我们始终专注于重要的事项。

清单是一种简单却极其有效的时间管理和任务执行工具。通过培养列出清单的习惯，我们可以更高效地工作，更有效地实现我们的目标。这种习惯的培养，对于提高个人和团队的生产力都有着不可估量的价值。

很多优秀的企业家，都有列清单的习惯，每天早上先把当天的工作列一个清单，完成一项就打个钩，一天下来非常充实且高效。列清单的过程，实际上是梳理思绪的过程，可能原本千头万绪的事情，在你列完清单后就已经解决了一大半。

利润是检验营销能力的试金石

营销大师菲利普·科特勒对营销的定义简洁而深刻:"营销就是在满足顾客需要的同时创造利润。"这一定义不仅揭示了营销的核心目的,也强调了企业经营的首要原则——创造利润。企业必须先确保能够存活、能够创造利润,然后才能谈及发展。

在经营企业的过程中,核心目标始终围绕着获取订单和利润。作为企业经营者,首先,要明确企业的"常规利润"来源。有些企业产品线广泛,但多数产品并未带来预期的收益,反而变成了食之无味、弃之可惜的"鸡肋"。到了年终,如果发现企业仍然亏损,那么这种经营模式显然是不可持续的。

其次,企业需要明确"短期利润"的来源,并掌握获取这些利润的方法。在特定的关键时刻,企业需要知道如何快速增加利润,如何开源节流,关注利润的产生方式,以及影响利润的各种因素,特别是成本控制。

最后,企业必须关注"长期利润"和长期价值。如果企业只关注短期利益,忽视了长期发展,那么这种短视的经营策略是极其危险的。作为经营者,应该同时着眼于企业的未来发展,确保企业的持续竞争力和市场地位。

此外,企业在经营过程中应该放弃对规模的盲目追求。并不是所有企业都需要追求规模扩张,也不是所有企业都有能力实现大规模发展。重要的是找到适合企业自身特点和市场需求的发展路径,实现健康、稳定的成长。

在当今竞争激烈的商业环境中,企业需要灵活调整策略,既要确保短期的生存和发展,也要为长期的利润和价值打下坚实的基础。这要求企业经营者具备敏锐的市场洞察力、高效的资源配置能力和长远的战略规划能力。通过不断优化产品和服务,提高运营效率,控制成本,企业才能在满足顾客需求的同时,实现可持续的利润增长。利润是检验企业营销能力的试金石。

别被表象"蒙骗"

企业营销的成功绝非单一因素所能决定，它是一个复杂的过程，涉及多种因素的相互作用和综合效应。如果有人声称仅通过一个行动，比如改变一个口号，就能使企业成功，那么这种说法往往是误导性的，甚至是欺骗性的。

以街边茶饮店为例，表面上看，它们似乎依靠销售奶茶来盈利。然而，深入了解后会发现，这些店铺的盈利模式远不止于此。它们可能本质上是一家供应链公司，通过提供原材料和设备来获得收益。这种盈利模式表面上是看不出来的，但却是它们成功的关键因素之一。

许多知名的大品牌实际上也是供应链公司。例如，麦当劳和肯德基，它们不仅通过经营快餐盈利，更通过输出自己的经营模式和原材料等来实现盈利。这些背后的运营机制往往不为大众所知，但却是它们商业帝国的支柱。

因此，企业营销的成功是一个多维度、多层次的现象，涉及品牌建设、市场定位、供应链管理、分销网络、产品质量、客户服务等多个方面。只有综合考虑这些因素，才能全面理解一个企业成功的真正原因，并从中汲取经验，为自己的企业发展提供指导，千万不要盲目照搬。

持续改善

做营销，很多时候都不是一蹴而就，过程中可能会出现各种曲折、反复，需要不断优化，持续改善。

持续改善是一种源自日本的管理概念，它强调的是逐渐、连续地改善，不仅局限于一次性的项目或活动。这种管理方法要求从企业的最高决策层到一线操作人员，每个人都参与到改进的过程中。

持续改善的核心在于培养一种创新和高效的心态。

在企业经营中，持续改善意味着从成立之初就要不断地对经营活动的每个环节进行优化和改善。这样才会使流程变得更加完善，细节得到更多的关注，从而提升经营活动的效率。随着时间的推移，企业会积累起自己的经验和学习曲线，形成独特的竞争优势。

以餐饮行业为例，通过持续改善，一道菜从点单到上菜的时间可以从10分钟缩短到5分钟。在服务过程中，通过实践发现不使用托盘可以提高效率，因为这样可以减少几个动作，从而可以提高整体的服务效率。

持续改善不仅是一种方法，它更是一种严谨的思维方式和做事态度。它要求我们每天都问自己："我们如何才能做得更好？"通过这种方式，我们可以逐渐实现变化和改进。持续改善的关键因素包括质量、所有雇员的努力、介入、自愿改变和沟通。通过持续改善，企业能够从头到尾地改进流程，缩短交货时间，提高流程的灵活性和对顾客的响应速度。

总之，持续改善是一种全面的、系统的方法，它要求企业在各个层面上不断寻求改进，以实现长期的、可持续的发展和成功。

如何让客户主动转介绍

在企业经营中,客户转介绍是一种非常有效的营销方式,它可以显著降低获取新客户的成本,同时提高新客户的信任度。然而,要实现这一目标,我们首先需要理解客户为什么会愿意为企业转介绍。

通常,当人们被问及对某个服务或产品的看法时,他们可能会给出像"挺好的"这样的模糊评价。这种评价虽然表面上是正面的,但实际上并没有提供足够的信息来激发他人的兴趣或行动。

相反,如果客户能够提供一句具体、生动的描述,比如"这家饭店的服务非常周到,上菜速度快,而且味道很棒",这样的评价更有可能促使他人去体验相同的服务。

为了让客户更愿意并有效地为企业转介绍,经营者需要为他们提供传播的素材和工具,尤其是一句朗朗上口、易于传播的口号,帮助客户解决如何转介绍的问题,而不是让他们自己去思考。

其实现在有很多企业做得比较好,在企业的自我介绍中,有一项是如何向别人介绍企业,并且文字还可以复制或者一键转发到社交媒体。

那么如何让客户主动转介绍呢?

第一,产品和关系同时获得客户信任。

客户愿意分享的基础和前提,是客户对于企业所提供的产品和服务满意,不仅如此企业和客户的关系也要非常和谐,客户才愿意帮助企业去分享或裂变。

第二,满足客户的情绪价值需要。

在产品和关系都符合的基础上,如果企业的品牌能够为客户在社交圈层加分,客户也愿意分享。比如能帮助客户成为某个身份的象征、某个圈层的代表等,客户会愿意为之分享。

这也向各位企业经营者传递了一个重要信息,就是品牌一定不要做伤害客户情感的事,比如让客户觉得没有面子、有失身份等。企业的每件事都是为用户加分的,用户自然愿意分享。

第三，创造分享的动机。

为客户提供激励，比如折扣、积分或小礼品，以感谢他们的转介绍，除此之外，精神的奖励比物质的奖励更容易打动客户，比如特殊的身份、特殊的荣誉等等。

第四，提供分享的素材。

品牌经营者要事先为客户分享准备好各种素材，便于客户分享。比如前后的对比照片，这样的视觉证据可以更直观地展示服务的效果，促使客户分享。

第五，简化分享流程。

为客户提供易于分享的内容，比如社交媒体帖子的模板、推荐信的样本或一键分享的链接。

第六，及时提供反馈。

当客户进行转介绍时，及时给予反馈和感谢，让他们感受到自己的行动是被重视的。

总之，我们可以帮助客户更容易、更愿意为企业转介绍，同时也提高了转介绍的成功率。记住，客户转介绍不仅是一种营销策略，也是一种建立品牌忠诚度和互动的方式。通过让客户成为品牌大使，企业可以建立一个强大的口碑网络，这对于企业的持续发展至关重要。

建立营销系统思维

产品部门和营销部门之间存在冲突怎么办？营销部门常常抱怨产品不够好，难以推广，而产品部门则认为自己已经做出了优秀的产品，销售不佳是因为营销不力。

此外，技术出身的企业家可能更注重产品和技术，而忽视营销；营销出身的企业家可能更看重营销，对产品和技术的要求则相对宽松。

实际上，产品和营销之间并没有根本的矛盾，只是每个人从不同的角度出发，将产品和营销割裂开来看待。经典的营销4P理论——产品（Product）、定价（Price）、渠道（Place）、推广（Promotion）——明确包含了产品，强调了产品在营销中的核心地位。产品是营销的起点，没有好的产品，营销活动难以取得成功。

一场成功的营销活动是产品、定价、渠道、推广四个环节综合作用的结果，任何一个环节出现问题，都可能导致整个营销活动失败。一款优秀的产品同样需要市场营销人员和技术研发团队的共同努力。如果没有市场营销人员对顾客需求的深入洞察和反馈，技术研发人员很难开发出真正满足市场需求的产品。

许多企业在经营过程中会存在以下问题：一是将产品和营销割裂开来；二是在营销过程中缺乏多元化的策略，应该建立系统的营销思维，从产品、定价、渠道和推广各个环节进行提升和优化。

很多人将营销简单理解为推广，但实际上，除了4P要素外，营销还包括市场调研、市场细分、目标市场选择和市场定位等前期工作，是一个系统的工程。

因此，无论是企业经营还是单纯的市场营销，对于企业负责人和营销从业者来说，都应该建立系统的思维，全面考虑产品、定价、渠道和推广等各个方面，以实现营销活动的最佳效果。通过整合产品开发和营销策略，企业可以更好地满足市场需求，实现可持续的增长。

警惕"拟态环境"

我曾参加一个总裁班的晚宴，在宴会上，学员们就某个社会热点展开了激烈的讨论，等他们讨论结束后，有个教授就问大家，你们刚才讨论的内容是从哪里获取的，学员们异口同声说是某个短视频平台，教授很无奈地说了声，原来你们是这样获取信息的。

教授的话给了我很大的启发。

传播学者沃尔特·李普曼在其著作《公众舆论》中提出了"拟态环境"这一概念，意指我们所了解的环境并非客观现实的直接反映，而是媒体通过选择、加工和报道新闻信息，重新构建后呈现给我们的环境。

在当前社交媒体盛行的时代，信息量空前丰富，每个人都既是信息的接收者也是传播者。算法根据用户喜好推荐内容，为你构建了一个你偏好的信息世界。你可能会因为刷到某个视频而被推荐无数个相关内容，但这并不是真实客观的世界。

我们做决策时依赖的是我们所了解的信息。比如，要决定去户外穿什么衣服，你要么亲自出去感受，要么查看天气预报，依据的是外界的信息和条件。在商业环境中也是如此，我们的工作如何开展，销售怎么做，都需要根据外界环境的变化来调整。

因此，我们需要培养正确获取信息的能力，对接收的信息进行甄别，去伪存真，透过现象看本质，用心洞察世界，保持独立思考，不盲从他人。只有这样，信息才能真正成为我们决策的参考和依据。

发动全员营销

在团队协作中，每个成员都扮演着不可或缺的角色，哪怕是负责清洁的临时工。从企业管理的角度来看，激发团队成员的积极性是经营者的重要职责。

在现代组织和企业的日常运营中，激励每一位成员的积极性成为了经营者的核心任务。我们不仅要确保自己的表现达到高标准，还要能够挖掘并激发团队中每个成员的潜力。

企业管理远不止于日常的管理工作，它与普通的执行工作有着本质的区别。这要求经营者具备更高层次的认知和更广阔的视野，例如资源整合能力、成本管控意识、效率优化思维。这些能力不仅是企业经营者的必修课，也是每个团队成员提升竞争力的关键。

"全员"这个概念非常广泛，它不仅包括员工，还涵盖了供应商、消费者和客户等。消费者在一定意义上是品牌传播者，但如何激发他们的积极性是一个需要解决的问题。

每个人都需要在团队中扮演好自己的角色。而一个团队就是这些角色的集合体。

学习和成长对于每个人来说都是至关重要的，它们帮助我们更好地适应自己的角色。在明确的目标指导下，每个人都需要承担起自己的角色。不同的角色汇聚成一个团队，而管理的艺术在于如何让这些角色更高效地协作，发挥各自的长处，从而最大化团队的价值和效能。

每个人都应该在特定的环境和氛围中扮演好自己的角色，以确保团队的有序运作。如果每个人都按照自己的意愿行事，团队可能会分崩离析。因此，作为企业的领导者，我们需要确保每个人都清楚自己的角色，并为实现团队的共同目标做出积极的贡献。

在场景中建立"大产品"思维

需求只有在真实的使用场景中才能转化为具体的消费行为。

以共享单车为例,在一线城市,大多数共享单车是传统的脚踏自行车,而在三、四线城市,电动共享单车更为常见。这是因为在一线城市,共享单车主要用于解决地铁到家或办公室的"最后一公里"问题,距离较短,脚踏自行车足以满足需求,且不会让人感到过于疲劳。相比之下,三、四线城市的用户可能需要解决更长距离的出行问题,因此电动共享单车更适合他们。

去年我考察了许多陶瓷企业,发现了一个有趣的现象:单独看每件产品,它们都制作得非常精美,但当我考虑购买时,我会思考这些产品应该放在哪里、送给谁、用来做什么。这让我意识到,产品的应用场景实际上是产品不可分割的一部分,甚至对营销至关重要。如果设计者在设计产品时没有考虑到谁会使用这个产品、用来做什么,那么产品的销售可能会遇到困难。

家庭装修也是同样的道理。单独看每件家具或装饰品都很美观,但当它们全部摆放在一起时,可能会感觉不协调,甚至让人感到不适。

许多看似真实存在的需求,如果没有结合具体的使用场景,往往就像镜中花、水中月一样,虽然能感知到它们的存在,却难以触及。

因此,在设计产品时,我们必须考虑场景因素,这是产品不可或缺的一部分。只有将产品置于用户的实际使用场景中,才能真正理解用户的需求,并设计出能够满足这些需求的产品。

请问"他们"是谁

在企业品牌营销服务过程中,无论是进行客户访谈还是与高管沟通,我们经常会听到"他们"这个词,如"他们都说""他们觉得""他们认为"等。

作为企业负责人,如果发现自己或他人在交流中频繁使用"他们",应保持警觉,并追问"他们"具体指的是谁,以免导致对重要信息的误判。

在许多人的理解中,"他们"似乎指的是一个庞大的群体,但实际上,"他们"可以指代任何两个或两个以上的人。我曾经多次追问过别人口中的"他们",结果发现很多人并不清楚"他们"具体是指谁。

我们需要关注真实消费者的真实需求。许多创业项目之所以失败,不仅是因为关注了虚假需求,更可能是因为关注了一群根本不存在的人。

无论商业多么复杂,从根本上讲,我们是在与人打交道,是人与人之间的交换。从表面上看,交易是物品或服务的交换,但交易的核心主体始终是人。

因此,我们不应过分关注同行的做法,而应将研究的核心放在人身上。在交换过程中,存在两类人:经营者和消费者。我们既要研究自己,也要研究客户。

学习和培训是为了更好地研究我们自己,通过研究自己,我们能更好地关注和满足客户的需求。

同时,企业经营者也要关注员工,因为无论企业提供多么优质的服务或品牌,最终都需要通过员工来实现。

顾客价值就是购买理由

作为企业负责人，必须深入思考一个核心问题：顾客为何会选择在你的企业消费？关键在于企业能否为顾客提供价值。企业提供给顾客的价值类型，决定了顾客是否愿意进行消费。

同样，企业能为员工提供的价值，也决定了能否吸引更多、更优秀的人才加入。

许多企业虽然产品出色，但销售业绩不佳，这往往是因为它们未能将企业价值有效转化为顾客价值。例如，一些企业可能过分强调产品的材质和技术，却未能让顾客感受到这些特性与自己的直接关联。

一是功能价值，即产品的基本使用功能。如今，许多企业负责人强调产品的易用性和材质，但这些只是基本要求，相当于考试的及格线，并不特别值得夸耀。

二是情绪价值。顾客购买产品不仅是为了使用，更多的是情感的寄托和表达。例如，某白酒品牌提出"我们不劝酒，我们是你情绪的朋友"，这样的品牌理念触动了消费者的情感。

三是象征价值，即产品作为某个圈层的标识或敲门砖。例如，要加入豪车俱乐部，拥有一辆豪车是基本条件。豪车与普通车在实际使用功能上的差异可能并不大，但豪车更多地象征着身份和地位。

面对多样化的消费群体和需求，企业需要重新审视和梳理价值及其呈现方式。在当前同质化竞争激烈的市场环境下，企业可能需要聚焦于特定领域，解决特定细分人群的特定需求。

例如，有朋友原本从事园林设计，业务难以为继，后来转型专注于豪宅设计，生意因此变得非常成功。这说明企业通过精准定位和满足特定需求，能够创造出独特的价值和市场机会。

主动创造消费者体验

凯文·莱恩·凯勒教授在《战略品牌管理》一书中提出，品牌是一个基于现实的认知实体，它不仅源自品牌本身的现实特征，也反映了消费者的认知和特质。

在品牌传播和市场营销中，企业应尽可能为消费者提供感受和接触品牌及产品的机会，也就是创造触点，帮助消费者形成体验，深入了解产品。

所谓的触点是消费者能够接触到品牌的所有地方，包括门店、体验中心、快闪店、产品销售人员、品牌传播内容和营销物料等，这些都是消费者接触品牌的关键触点。

从市场营销和企业经营的角度来看，让消费者快速接触产品是了解和感知品牌的最佳途径。这不仅能促进销售额的增长，更重要的是促使消费者对产品产生深刻印象。

例如，在餐饮业，产品是否美味，试吃一口就能判断。科技产品是否易用，体验一下便知。汽车好不好，试乘试驾就能感受。但对于服务型企业，尤其是提供无形产品的企业，如何创造体验呢？

服务行业非常特殊，对人的依赖度极高。从业者的着装、言谈举止和热情都会给消费者留下深刻印象。因此，企业需要将每一位团队成员训练成品牌服务的代言人，展示专业的同时，还要热情、诚恳，营造热情洋溢的氛围。即使产品或服务有些许不足，消费者也可能因为良好的体验而感到满意。

提高消费者体验感的方法有很多，比如用餐流程、餐厅氛围、周围环境和服务员的热情等。

诺贝尔经济学奖得主、心理学家丹尼尔·卡尼曼提出的"峰终定律"表明，人们在体验过后，最能记住的是高峰和结束时的感受，而过程中好与不好的体验比重、体验时间的长短对记忆的影响较小。

例如，我有一个做餐饮的客户，为了让消费者感知到餐具真正消毒了，他们会在消毒后将餐具保持在恒温状态，消费者拿到温热的餐具时，就能确信餐具已经过消毒处理。

传统的商场布局通常是一楼为化妆品、首饰和咖啡店，二楼为服装店，三楼为饭店和餐厅。而传统的汽车 4S 店通常位于城市边缘，建设周期长，消费者只能在周末前往，不便于体验。而一些新品牌则将展示中心直接开到商场一楼，省去了 4S 店建设成本和周期，让更多人能够看到并体验。

当下无论你的产品多么优秀，门店数量多么庞大，技术多么先进，如果消费者没有亲身体验过你的产品，没有形成体验和认知，那么你的品牌就无法真正立足。

营销的过程，实质上是为产品和服务建立需求的过程，更是创造机会帮助消费者感受产品、创造体验的过程。百闻不如一见，一见不如体验。

新一代消费者不重视品牌了吗

许多人认为新一代消费群体不再重视品牌，这其实是一种误解。品牌依然是消费者决策时的信任标志，帮助他们降低选择成本。消费者不需要对品牌进行深入的多维度了解，尤其是大品牌，其产品质量和服务更容易获得消费者的信任。

新一代消费群体并非不选择品牌，只是他们不再选择你所塑造的品牌，而是会选择他们自己心目中的品牌。他们不再盲目追求传统意义上的大品牌，不再像父母辈那样通过传统方式了解品牌，也不再单纯将品牌宣传作为决策依据。他们更看重其他消费者对体验的评价，比如点评网站上的评论和体验，这些成为他们选择品牌的重要依据。

新一代消费者年轻、有活力、个性鲜明，他们更注重精神层面的满足。他们不迷信大品牌的影响力，而是倾向于自我表达和个性彰显，通过原创产品为自己代言，以此来塑造相应的个人形象，情绪价值对他们来说至关重要。

新一代消费者的品牌购买渠道和动机大多源自社交，无论是线上社交平台还是线下社交圈层。他们的品牌接触点、消费场景、推荐分享等，多数是在社交场景中实现的，比如社交媒体上的种草。特别是各种形式的社群，对年轻人的品牌消费有着决定性的影响，他们认为"身边的人都在用，用的人都说好"。

同时，年轻人的品牌消费首要目的也是社交。他们希望通过品牌消费来彰显鲜明的个人形象，进而成为融入相应圈层的敲门砖、维护社交圈的工具。可以说，他们对品牌的消费源自社交，品牌消费的目的也是社交。

与传统品牌消费者的"实用主义"不同，新一代消费者更关注品牌的"形式主义"，颜值、创意、黑科技、分享等特性，成为年轻人的关注点。尤其是颜值，最容易帮助年轻人实现社交目标。传统消费者关注品牌的"性价比"，而当下的年轻人更关注品牌的"颜价比""质价比"。无论是产品包装、设计风格还是产品造型，首要条件就是能够拍照并在社交媒体上分享。

近几年兴起的短视频平台、直播平台以及各类网红、垂直领域 KOL、KOC，对年轻人的品牌认知有着重要的影响。许多新一代消费者本身就是网红、垂直领域的 KOL 或 KOC，他们对品牌的影响力不容忽视。

创新词就是给自己"挖坑"

品牌传播的核心在于使消费者能够识别并记住品牌的象征符号。消费者对品牌符号的识别和记忆能力，取决于他们对这些符号的认知基础。认知基础越深厚，品牌符号越容易被记住；认知基础越普遍，品牌符号越容易被广泛记住。

品牌传播的过程本质上是一个编码和解码的过程。

为确保接收者翻译的内容与发送者意图表达的信息一致，关键在于双方必须有共同的解码本。同理，要保证消费者接收到的信息与企业经营者想要传播的内容一致，前提是双方必须有共同的认知基础。

共同的认知基础是指那些为大家所熟知的事情。因此，在企业传播过程中，应尽可能使用双方都熟悉的内容，以降低沟通成本。

在沟通传播中，应避免创造新词。尽管许多企业喜欢创造新的概念和术语，但如果消费者对这些新词没有认知基础，那么这种传播实际上是无效的。有效的传播应建立在双方共有的知识体系和理解之上，这样才能确保信息传递的准确性和有效性。

如何吸引客户主动成交

在当今竞争激烈的市场中，获得客户不再仅仅是提供产品那么简单，而是要通过整个管理体系的升级，创造并提供真正的价值，以此吸引客户。

获得客户的方式有多种，包括通过广告和营销活动来"拉"客户、通过销售努力去"求"客户，以及通过提供独特价值来"吸引"客户。其中，优质的客户往往是被吸引而来，而非被简单拉来或求来的。

企业必须清晰地认识到自己提供的价值所在。在传统的企业经营中，企业可能只需强调"我有好产品，你来买吧"，但在供给过剩的现代市场中，这种模式已经不够。企业需要更加关注客户的诉求，明确自己能够给客户带来的价值是什么。

为了让客户感受到价值，企业的价值主张必须与客户的需求和期望相匹配。许多企业主可能会强调自己的产品是最好的，但这只是基本要求，相当于考试及格。在竞争激烈的市场中，仅仅产品好是不够的，企业需要提供超越产品本身的价值。

企业需要通过服务感动客户，通过价值留住客户，通过专业吸引客户。这意味着企业不仅要提供优质的产品，还要提供卓越的客户服务、建立深度的客户关系，并在行业中展现专业性和领导力。

为了实现这一点，企业可以采取以下策略：

第一，深刻的客户洞察。深入了解客户的需求和痛点，以便提供符合他们期望的解决方案。

第二，真正的差异化。提供与众不同的产品或服务，以区别于竞争对手。

第三，极致的客户体验，确保客户在与企业互动的每个环节都能获得积极的体验。

第四，持续创新。不断改进产品、服务和流程，以适应市场变化和客户需求。

第五，高效的客户对话。构建强有力的品牌故事，与客户建立情感连接，帮助客户了解企业的价值主张,以及企业的产品或服务如何满足他们的需求。

企业需要从单纯的产品提供者转变为价值创造者,通过提供真正的价值来吸引和留住客户。在这个过程中,企业需要不断地了解市场、倾听客户,并以客户为中心来优化自己的经营策略。

如何激活老顾客的价值

菲利普·科特勒将顾客关系管理定义为通过提供高价值和满意度来建立和维护可盈利的顾客关系的全过程。然而，许多企业负责人在维护和管理顾客关系时，尽管投入了大量的资源，却常常感到效果不佳。

企业已经普遍认识到顾客关系维护和管理的重要性，但在具体操作上，如何维护顾客关系、如何从顾客那里获取价值以及如何有效管理顾客等方面，仍然缺乏明确和有效的策略。

实际上，成交不仅是销售的终点，更是服务和营销的新起点。乔·吉拉德曾提出，每位顾客背后都有250位潜在顾客。这意味着，如果能够妥善经营老顾客，其潜在的影响力是巨大的。而且开发新顾客的成本是维护老顾客的很多倍。

对于企业的营销来说，老顾客既是直接的销售渠道，也是连接新顾客的桥梁。如果老顾客不能直接成为购买者，他们可以通过推荐，成为企业与新顾客之间的纽带。

企业应该重视老顾客的维护和运营，通过提供优质的产品和服务，以及有效的沟通和关系管理，来增强老顾客的忠诚度和满意度。这样，老顾客不仅会继续购买，还会成为品牌的积极推广者，吸引更多的新顾客。

企业可以采取以下措施来加强顾客关系管理：

第一，倾听顾客反馈。通过调查和反馈机制，了解顾客的需求和不满，及时作出响应。

第二，提供个性化服务。根据顾客的购买历史和偏好，提供定制化的服务和产品推荐。

第三，强化顾客粘性。通过积分、优惠和奖励来激励顾客的重复购买和推荐行为。

第四，维护沟通渠道。确保顾客可以通过多种渠道与企业沟通，包括社交媒体、服务热线等。

第五，培养顾客关系。通过定期的互动和关怀，建立与顾客之间的长期关系。

第六，利用数据分析。通过分析顾客数据来预测购买行为，提供更精准的营销和服务。

通过以上这些方法，企业可以更有效地管理和维护顾客关系，从而提高顾客满意度和信任度，增加企业的市场份额和利润。

脱离价值的服务就是自我感动

与某公司客户服务部总监进行交流时,他提到自己的公司也像其他公司一样,定期举办各类顾客和潜在顾客的沟通交流活动,如自驾游、烧烤、亲子活动、高尔夫比赛和各种讲座等。

但即便如此,他们发现顾客的购买行为并没有因此而改变:那些原本不购买产品的顾客依旧不购买,那些不续费的顾客依旧不续费,而那些打算离开的顾客最终还是离开了。

当我询问他,顾客为什么会选择购买他们的产品和服务,以及他们提供的产品和服务是否是顾客真正需要的,或者是否具有独特性,以至于顾客无法从其他商家那里获得时,这位总监给出的回答并不明确。

顾客选择购买某个企业的产品和服务,一定是因为这些产品和服务对顾客具有价值,或者提供了独一无二的解决方案,能够满足他们的某些需求。

企业提供的产品和服务对顾客具有价值,是企业与顾客建立关系的基础和关键。许多企业虽然研发出了优秀的产品,但顾客仍然不愿意购买,一个重要的原因就是顾客认为这些产品并不是他们所需要的。

在现代市场营销中,企业不能仅停留在自己拥有什么、喜欢做什么的层面,而应该更多地关注顾客的实际需求,提升对顾客需求的认知。这意味着企业需要深入了解顾客的痛点和期望,并将这些需求转化为产品和服务的创新点,以确保所提供的解决方案能够真正吸引并留住顾客。

脱离价值的服务就是自我感动。要感动顾客,不要感动自己。感动顾客是赢得市场的金钥匙,感动自己是前进路上的绊脚石。

维护顾客关系的关键是顾客满意度

在市场营销中，企业常常面临如何维护顾客关系的难题。联系顾客过于频繁可能会引起反感，而联系太少又可能导致关系疏远。关键在于如何找到与顾客建立良好关系的平衡点。

顾客长期购买某个企业的产品和服务，通常是因为产品的实际使用效果好和顾客满意度高。顾客满意度取决于顾客的实际体验与他们对产品的期望之间的差异。

当实际体验与期望相符时，顾客会感到满意；如果实际体验低于期望，顾客就会不满意；而当实际体验超出期望时，顾客会感到高度满意。研究显示，高度的顾客满意度能够带来高度的顾客忠诚，进而促进重复消费和购买，同时通过有效的转介绍和分享，成为企业与新顾客之间的沟通桥梁，推动业绩增长。

要影响目标消费群，就要建立良好的口碑，而良好的口碑源自顾客的满意度。当目标消费群周围的人都在使用你的产品，并且对产品评价很高时，他们迟早会成为你的顾客。因此，维护顾客关系需要在提高顾客满意度上下功夫。

在当今市场环境中，企业必须将产品与服务质量作为核心竞争力。明智的企业不会通过过度承诺或夸大宣传来吸引顾客，而是坚持"承诺可兑现"的原则，并持续履行承诺。同时，企业需要通过文化传播与品牌建设，将产品与服务的核心价值清晰传递给消费者，实现有效沟通和价值认同。

传统营销理论曾将顾客忠诚度视为关键目标，但当前的消费环境和媒介格局已发生深刻变化。随着信息透明度提升，消费者拥有更多选择权和更低的转换成本。他们的品牌选择往往基于即时需求满足，而非长期忠诚。现代消费者决策逻辑包含三个维度：功能性（产品是否解决实际问题）、情感性（品牌价值观是否产生共鸣）以及替代性（市场是否提供更优选择）。

因此，企业应当调整策略，从追求难以掌控的品牌忠诚度转向提升顾客满意度和品牌吸引力。具体而言，企业需要清晰传达产品与服务的差异化价值，建立基于信任的长期关系，并持续优化顾客体验。这一策略不仅能降低消费者的决策成本，还能增强品牌偏好，最终促成自然复购，实现可持续增长。

如何鉴别真假客户

很多人在市场营销过程中，面临的巨大困惑是，好像手里掌握着很多客户资源，但是无法准确判断哪些是真正的客户，哪些可能只是"打酱油"的。

经常会有人说20%的客户创造了80%的利润，但是到底哪些是核心客户？识别真正的客户，避免资源浪费，是从事市场营销的人需要练就的基本功。

菲利普·科特勒在《市场营销学》一书中，根据获利性和预期忠诚度，将客户分为四类：

第一类是"陌生人"：获利性和预期忠诚度较低的客户，产品与其需求匹配度不高，对企业价值贡献不大，对这类客户一般不做投入。

第二类是"蝴蝶"：指的是利润很高，但是忠诚度不高的客户。就像蝴蝶一样，短暂停留之后，很快就飞走了。就是我们通常所说的"一锤子买卖"。这类客户企业应该尽可能抓住短暂时机，做更多生意，但是不建议做过多投入。

第三类是"真正的朋友"：创造高利润，同时有高度忠诚的客户。企业一般会持续进行关系维护，培育和发展这些客户。这些客户也会形成多次复购与分享。

第四类是"船底的贝壳"：高忠诚度但是利润微薄的客户。就像粘在船底的贝壳，会拖慢船的行驶。就是我们通常说的"鸡肋"，这类客户如不能产生有效价值，企业应果断舍弃。

客户管理的核心是通过创造和传递客户价值来建立客户关系，其目的是从客户那里获取价值作为回报，这种回报可能是当下的回报，也可能是未来的回报。

客户对企业所产生的终身价值的总和，被称为客户资产，客户关系管理的最终目标，是产生更高的客户资产。

但并非所有的客户都能为企业带来价值，因此企业要对客户进行划分等级，根据潜在价值进行管理。

什么是感动式服务

如何提供感动式服务？

如果感动式服务只是在顾客过生日时送上蛋糕或发送祝福信息，其实很难打动顾客。

许多人都有这样的经历：生日临近时，会收到来自信用卡中心、航空公司、保险公司、网购平台等的短信轰炸，让人感到不胜其烦。

如果企业不能真正理解顾客的真实需求和购买动机，就很难打动顾客的心。我曾经在一家商业银行办理业务，连续三次都未能顺利完成，第三次去时正值中午，大厅里等待的人很多，但银行只开放了一个窗口，其他窗口的工作人员都去吃午饭了。

我前面排了30多人，后面还有不断加入的顾客。我估算了一下，按照每个业务3~5分钟的处理时间，30多个顾客全部办完需要90~150分钟，而大多数顾客中午休息时间仅有90分钟，还要考虑来回路上的时间。许多人一下班就赶来排队，不仅来不及吃饭，下午上班也可能迟到。

随着时间的推移，人群中的焦躁情绪越来越浓。大堂经理似乎也感受到了这种气氛，开始给顾客送茶水和小饼干，并试图通过交流安抚情绪，但大多数顾客并不买账。

这家银行在细节上做了很多工作，如设置了茶水区、小食区、阅读区、儿童玩乐区等，但却忽略了顾客最核心的诉求：他们来银行是为了办理业务，而非休闲。

我猜测这家银行的顾客满意度可能不高，与大堂经理交流后证实了我的猜想。银行方面觉得很委屈，因为他们已经很努力地在维护顾客关系，但顾客依旧不满意。

实际上，提升这家银行顾客满意度的方法很简单。大多数上班族只能在中午休息时间办理私人业务，因为银行下午上班时他们也在工作。银行只需在中午高峰期增开人工窗口、增加自助设备，并配备充足的自助区引导人员，就能提高业务办理效率，顾客自然会满意。对于业务往来较多的大中型企业，银行可以提供上门服务，减少双方的时间成本。

至于银行职员的午餐问题，可以采取错峰用餐的方式，在顾客集中到来之前或大部分顾客回去上班之后用餐，确保在顾客多的时候服务窗口也多。

至于零食和茶饮，能提供当然更好，但如果提供不了，顾客也不会太在意，因为他们来银行的核心目的是办理业务，而非享受休闲服务。

感动顾客的方式其实很简单：做好本职工作，真诚对待顾客胜过一切花招。当其他企业忽视为顾客创造核心价值，而只想着如何玩花样时，只要你认真做好最基本的服务，并不断提升，顾客自然会感动。

重视社交媒体营销

许多企业，特别是传统行业的企业，常常感到在品牌营销方面难以找到突破口。然而，如果能够充分利用社交媒体，企业就能在品牌营销上实现质的飞跃。

加拿大传播学者马歇尔·麦克卢汉多年前提出了三个经典论断。其一，"地球村"，意指电子媒介的高度发展改变了人类的交往方式和社会文化形态，人类重新"村落化"，信息可以瞬间实现全球传递。

其二，"媒介即讯息"，强调相对于传播内容，媒介本身的选择也是重要的信息。例如，在社交媒体时代，我们通过这些平台传播信息，其影响力和受众范围与传统媒体截然不同。

这也是为什么在传统广告时代，企业会争夺"标王"，即对黄金广告时段进行竞争。而在社交媒体时代，大家选择社交媒体是因为几乎所有人都在这些平台上，每天都有数亿的日活跃用户，这为企业提供了被看到的机会。

其三，"媒介是人的延伸"，意味着人们今天使用的媒介是人体感官的延伸。通过媒体，即使身处不同地域，人们也能互相了解对方的内容。

麦克卢汉的这三个经典论断给企业经营者带来的启示是，媒介的使用可以帮助企业放大声量，提升影响力，同时节约资源。

在品牌营销中，这意味着企业可以通过社交媒体平台以更低的成本触及更广泛的受众，实现更有效的品牌传播和互动。通过这种方式，企业可以更好地与消费者建立联系，了解其需求和偏好，从而在竞争激烈的市场中脱颖而出。

企业家个人 IP 是个系统工程

企业家个人 IP 建设已经成为商业领域的热门话题。作为国内较早从事企业家个人 IP 建设的实践者，我有一些深刻的感悟。

企业家个人 IP 不仅仅是以企业家个人为核心，它是一个以持续输出内容为纽带的完整个人品牌系统。这个系统涵盖了定位、内容生产、传播、客户转化、价值交付等多个环节，远非仅仅发布几个视频那么简单。

企业家个人 IP 的影响力与其企业的实力成正比。企业家个人 IP 的支撑点在于其取得的成就和对社会的价值，而非单纯的讲故事或发布短视频。正如影视明星的成名依靠的是作品，企业家也应该将时间投入到事业发展中，而非过分沉迷于编造故事或研究拍摄技巧。

企业家个人 IP 是一个系统工程，它需要产品、组织、运营等多方面的支持。许多成功的企业家个人 IP 在打造个人品牌之前，已经是公众人物。不是因为他们打造了个人 IP 才成为公众人物，而是因为他们已经是公众人物，才有了个人 IP。

从宏观角度来看，企业家个人 IP 必须根植于企业的经营体系之中。个人 IP 是工具、是途径，而非最终目的，其最终目的是服务于企业的经营。脱离了经营体系的企业家个人 IP 就像无根之木，这也是许多专业自媒体公司倒闭，而那些将自媒体与企业经营结合的公司能够实现价值的原因。企业有了优质的产品、服务和承接能力后，个人 IP 就能成为杠杆，否则要么难以成功，要么可能产生负面效果。

对于素人企业家来说，打造个人 IP 并不容易，但是否要尝试呢？答案是肯定的。即使最终不成功，尝试本身也是必不可少的步骤，尝试了才有机会。

著名艺术家安迪·沃霍尔曾说过，每个人都有 15 分钟的成名机会。这句话启示我们，一切皆有可能。在企业家个人 IP 建设的道路上，每位企业家都有机会成为自己领域的名人，关键在于如何把握和利用这个机会。

如何把复杂的问题简单化

在市场营销或者企业经营过程中，要学会把复杂的问题简单化，学会对问题进行分解。拿到任何项目、遇到任何问题的时候，先拆解，这是方法，也是一种思维方式。

如何把复杂的问题简单化？

首先，要有明确的目标，没有明确的目标，业务分解就没有方向。明确的目标能够把你的业务和问题，分解成独立的部分，最后形成一个具体的评价指标。

其次，尽可能量化。问题分解和简化是一个逐步细分的过程，要尽可能把它拆到不能再拆，每拆一步都要有数据，要尽可能去量化，否则就无法执行，无法验证。

多数人喜欢把简单的问题复杂化，根本原因就是思考得不够，见识不够，没有养成良好的习惯。

最后，要快速验证和测评。

大多数软件后台都能提供用户画像数据，包括年龄、学历、区域、兴趣等，这些数据能有效支持测评验证。测试后若发现方案不可行，必须立即调整：要么优化方向，要么果断放弃重新规划，持续迭代测试。

许多创业公司常犯的错误是未经充分验证就急于批量复制，最终在错误道路上越陷越深。正确做法是：小步快跑，通过小范围、低成本的试错快速验证——不行就换，不行就改，直到找到最优方案。

没有结果的过程就是浪费资源

经营企业的核心目标是实现结果。虽然过程同样重要，但没有结果的过程往往是浪费资源。无论是大型项目还是小型项目，企业经营者都应该追求明确的结果，而不仅是沉浸在过程中。在战术层面，企业经营者需要关注每一个细节、每一个当下的行动以及每一个结果；而在战略层面，则需要坚持长期主义。

在实际工作中，企业经营者应该将想法转化为具体的行动，并在行动取得成果后总结成模型，进而在更广泛的范围内进行验证和复制，使其成为团队的经验。

好的想法本身并不罕见，有好想法的人大有人在，但能够将想法付诸行动才是真正有价值的。企业经营者应当成为行动者，而不仅是思想家，要通过行动取得结果，而不仅是停留在理论阶段。行动越是具体，获得的方法和经验就越明确。

每个人的认知、行为、思想和行动都有其局限性。通过不断学习，企业经营者会发现未知领域越广，认知边界也就越开阔。企业经营者应通过团队合作、跨界合作和粉丝互动，利用团队的力量来弥补个人的局限性，打破认知的边界。

深入工作意味着不能浅尝辄止，不能只是表面功夫。真正深入自己的领域、专业和工作中，关注具体的人和具体的事，是成功的关键。

企业的根本目的是盈利，增加员工的收入。在此基础上，我们才能谈论更高层次的格局、梦想以及对未来的设想。企业必须先确保经济基础，然后才能追求更宏伟的目标和愿景。经营也好，营销也好，如果无法取得结果，过程就是在浪费资源。

把"内容"上升到战略高度

100多年前,法国的米其林兄弟创立了一家轮胎公司。为了提升轮胎销量,他们尝试了多种方法,但都未能取得预期效果。

一次偶然的机会,他们意识到如果能够推动汽车旅行产业的发展,轮胎的销量自然也会随之增长。因此,在1900年巴黎万国博览会期间,他们制作了一份包含地图、加油站、餐馆、旅店和汽修厂等信息的攻略手册,免费提供给客户。

尽管他们免费发放了数万册手册,轮胎销量却并未有明显提升,这让米其林兄弟感到沮丧。但他们没有放弃,而是决定改进手册,引入严格的评审制度,并增加了专门的餐厅介绍内容。这次,他们不再免费发放手册,而是改为收费销售,结果出人意料地受欢迎,尤其是美食爱好者,对这本手册极为追捧。

兄弟俩随后将餐厅指南单独制作成册,并雇佣专业试吃人员匿名评价各地餐厅,最终发展出了一套星级评定标准。经由他们推荐的餐厅迅速成为高端餐饮的代表,风靡整个欧洲,成为人们争相打卡的热点。

这家公司就是米其林轮胎,这本小册子就是后来的《米其林指南》。米其林兄弟原本只想多卖轮胎,却意外地将一份指南打造成了"美食圣经",不仅推动了米其林轮胎的发展,也使米其林成为世界著名的美食评鉴机构。

米其林兄弟的故事,在100多年前就展示了内容营销的巨大价值和重要性。

每家公司都应该将自己定位成内容公司、媒体公司。不关注内容、不关注传播的公司,将失去消费者和市场。品牌作为引导消费者行为的工具,其重要性日益增加,公司需要投入大量时间、精力和预算来打造高质量的品牌内容。

公司不仅要关注内容的数量,更要关注内容的质量,将"内容"投入上升到战略层面。通过科技手段打造高质量的硬核内容,并利用先进的投放策略使内容触达消费者。

持续输出高质量内容的能力,将成为未来公司的核心竞争力。

建立科学营销体系

作为企业品牌营销咨询顾问，我观察到许多从业者对营销的理解存在差异，多数人仍然依赖个人经验和直觉，而缺乏系统的科学方法。

在过去 30 多年国内经济快速增长的背景下，市场需求旺盛，许多企业和品牌营销从业者或多或少地受益于时代的红利，产品销售相对容易。然而，随着市场竞争的加剧、供求关系的变化和同质化竞争的严重性，以往的经验不再有效，传统方法失灵，许多人开始认为营销是玄学。

自 2018 年起，我在企业品牌营销咨询服务中始终强调：营销需要建立科学体系。许多看似难以捉摸的营销动作，实则暗合科学规律，只是从业者未能系统认知。营销不仅是艺术，更是科学。

20 世纪 60 年代，全球营销学大师杰罗姆·麦卡锡提出经典的 4P 理论（产品、定价、渠道、推广），将复杂营销简化为四大核心要素。此后，菲利普·科特勒等学者进一步细化营销流程为四大步骤：市场调研与分析、市场细分与定位、营销组合策略制定、执行与监控，使营销成为兼具理论、方法、系统与案例支撑的科学体系。

在数字时代，数智营销正成为企业增长的新引擎。通过大数据分析、人工智能技术和智能营销工具，企业能够精准洞察消费者需求，实现个性化营销和精准触达。数智营销不仅提升了营销效率，更通过数据驱动决策，让营销活动可量化、可优化。

在行业"内卷"加剧的当下，科学经营、科学营销、科学品牌将成为破局关键。建议企业负责人与营销从业者摒弃传统认知，重构科学营销体系，以应对市场变化，实现持续增长。

数智营销，先知先行

未来企业在发展过程中无疑会面临众多机遇与挑战，而人工智能（AI）是其中不可忽视的关键话题。对于企业经营者和创业者而言，虽然不必亲自进入 AI 领域，但很可能业务的大部分将会与 AI 相关或受其影响。

AI 的应用已经从互联网行业扩展到工业、通信、交通、医疗等多个领域。全球人工智能专家李开复先生指出，中国在 AI 领域的竞争力将取决于行业领导者是否能够及早识别机遇，以及企业是否拥有足够多、足够好的数据、数据收集的成本等因素。

一些国际知名企业在招聘时已经要求应聘者熟练使用 AI 工具，这显示了 AI 技能在当今企业中的重要性。

虽然我不是 AI 技术专家，不会深入探讨具体技术细节，但我想从企业经营的角度强调：企业应当尽早关注并尝试应用 AI 技术。AI 可能会取代部分工作岗位，同时也将创造新的就业机会。AI 对商业运营的影响可能超过以往任何一次科技革命。

当前，企业面临的不仅是 AI 技术本身的冲击，还有那些已经提前布局 AI 应用的竞争对手。对于非技术背景的经营者，重点不在于钻研 AI 技术，而应关注如何应用 AI，如何与企业结合，如何推动行业发展，以及如何提高生产、营销、传播、管理和运营效率，降低成本。重要的是学习如何通过 AI 辅助做出更科学的决策、提供更优质的服务、获取更精准的数据。

企业需要培养使用 AI 的意识、方法和技能，这将成为未来企业竞争的关键。通过渐近式实践积累经验，企业可以更好地适应市场变化，把握 AI 带来的机遇，实现持续增长和创新。

培养国际视野

品牌"出海"已成为当前商业领域的重要趋势。无论企业是否计划拓展海外市场,具备国际化的视野和格局是新时代经营者的必备素质。

首先,全球一体化的格局已经形成。在全球化的影响下,企业无法通过封闭自守来规避外部影响,唯有主动拥抱全球化,在挑战中寻找机遇。

其次,企业的成长过程本质上是不断学习和借鉴的过程。在全球化的视野下,各国的经验都值得参考。以华为为例,任正非先生通过近距离观察国际标杆企业,决定进行改革,即使在企业营收不高的情况下,也投入巨资请 IBM 团队进行咨询,最终华为发展成为国际知名品牌。

这一案例启示我们:企业负责人应主动出去走走看看,以拓宽视野、提升能力。走出去,将拥有整个世界;而局限于自己的小天地,视野将受限于眼前之物。

最后,企业负责人需要具备国际合作的能力。除了国际化的视野和格局,还需要了解国际通用的商业规则,构建与国际接轨的业务体系、产品结构、服务系统、人才梯队和品质管控,以及支撑国际业务的稳定供应链体系。

同时,要关注不同文化带来的冲击、各国的法律法规和文化习俗,避免在市场开发过程中遇到内容、法律和文化等风险。知识产权的保护也是值得关注的重要部分。

对许多人来说,国际化的最大挑战在于个人的思维和意识,以及对未知世界的恐惧。然而,成长的最佳方式是融入其中。企业应勇于面对国际化的挑战,通过不断的学习和实践,提升自身的国际竞争力。

营销 4.0 时代

菲利普·科特勒等人在《营销革命 4.0：从传统到数字》一书中，将营销的发展划分为四个阶段，每个阶段都有其独特的特征和要求。

营销 1.0 时代：这一时代的营销以产品为中心，因为当时的需求大于供给，产品不愁卖不出去。企业只需关注产品的生产和基本的销售，就能满足市场的需求。

营销 2.0 时代：随着供给的增加，市场转变为供给大于需求的状态，营销的核心转向以消费者为中心。广告和促销成为企业争夺市场份额的主要手段。

营销 3.0 时代：在同质化竞争加剧的背景下，营销的核心变为价值观营销，强调社会责任和品牌文化在市场营销中的作用。企业开始关注品牌与消费者之间的情感联系和价值观共鸣。

营销 4.0 时代：这是一个数字化营销时代，营销的核心变为用户价值共创，以大数据、社群和价值观（情绪价值）作为商业的连接和要素。企业需要对传统的营销模式进行重建，以适应数字化时代的需求。

面对营销 4.0 时代，企业应该在科学营销的基础上，融合这一时代的特征和规律，结合消费者的实际需求，在营销的范式和方法上进行创新和实践。

企业如何在营销 4.0 时代取得营销的胜利，企业经营者应该从以下几方面着手或思考：

第一，学会利用大数据辅助营销。通过数据分析，更好地理解消费者需求，实现精准营销。

第二，构建社群。围绕品牌建立社群，通过社群增强与消费者的沟通对话、共建共创、需求收集、情感凝聚。

第三，强化价值观。营销 4.0 时代，价值观成为品牌链接消费者的重要因素和触点，通过传递与消费者共鸣的价值观，建立情感连接。

第四，创新营销策略。结合新的技术和平台、创新营销手段。

第五，注重消费者体验。在每个消费者接触点提供标准而优质的体验。

第六,持续学习和进步。随着技术的发展和市场的变化,不断学习新的营销知识和技能,适应市场变化。

总之,未来的市场营销需要企业在科学营销的基础上,结合营销4.0时代的新特征,不断创新和实践,以实现持续的增长和成功。

弘扬企业家精神

关于是否探讨企业家精神这一话题，我曾有过犹豫。这种犹豫源于一个现实：在业绩增长的压力下，许多经营者更关注"术"的层面，而无暇关注"道"的层面。

然而，无论是作为企业员工近距离观察，还是以品牌营销顾问的身份审视企业，我发现决定一个企业是否有未来的重要因素是企业家是否具备企业家精神。

企业家精神不仅存在于在意识层面，更在行为层面。

第一，企业家精神体现了认知能力。

认知能力是企业家精神的核心支柱，是一种大局观。

认知能力要求企业家能够从宏观的维度通观全局，发现别人看不到的机会和资源。应保持开放，不断接纳新鲜事物，不断与时俱进更新自己的知识和认知体系。

第二，企业家精神体现了战略定力。

很多人认为企业家精神是企业经营者在企业遇到困难时力挽狂澜的魄力和勇气。当然企业经营者面对困难的魄力属于企业家精神，但是真正的企业家精神不仅体现在企业遇到困难的时候，更贯穿于企业经营的全过程。

对企业家最大的挑战，其实还不是在企业遇到困难的时候，而是在企业鼎盛时期，面对排山倒海般的夸赞、荣誉甚至"阿谀奉承"，企业家本人如何清醒、客观、冷静地看待自己、看待企业，如何驾驭这家企业。

企业家此时应该保持战略定力，对自己擅长的事情和既定的战略不动摇，客观冷静地对待周围的人和事。特别是莫名其妙出现的那些所谓的"人脉和资源"，要一万个小心，大概率都是带着"算计"来的。

我特别认同作家当年明月的一段话：人到了巅峰要小心，就要走下坡路了，这世上没有只升不降的波浪，所以你有升起来的这一天，就有落下去的那一天，别把自己当回事。

企业家的战略定力，还体现在某个项目在短期内没有得到想要的成果的时候，如果各方面都没有问题，可能只是时间的问题，适当的坚持很有必要，但是不必有执念，不要偏执。

第三，企业家精神体现了谋划能力。

企业家要思考企业现在应该做什么、未来该怎么去发展，这是优秀的企业家必须要思考的问题，这跟企业的规模大小，处在哪个阶段没有必然联系。

多数企业遇到困境，表面上看是企业经营有很多不确定性的客观要素，但是真正的原因是企业家缺少对于未来的布局和谋划，对于经营过程中可能出现变化的预知和应对能力缺失、对于趋势的把握和判断能力的缺失。

一个具有成功特质的企业负责人，绝不是走一步看一步，更不是"车到山前必有路"，而是提前 3~5 年布局。即便是未来充满了变数，有规划和没有规划的结果也是不一样的。得意时找出路，失意时才有退路。

第四，企业家精神体现了资源配置能力。

优秀企业家有一种特质，就是懂得如何做资源配置。尤其是懂得用人，要知人善用，把合适的人放到合适的位置。懂得与人合作，具备建立新的资源和连接的能力。历史上著名的故事"田忌赛马"，其实就是说明了谋略、资源配置的重要性。

每一刻都是崭新的

经营企业常被比喻为"摸着石头过河",尤其是对行业领军企业来说,往往没有现成的路径可循,因此出现失误被视为常态,而无失误则被视为幸运。

在企业经营中,产品、流程、市场推广和品牌营销都可以通过标准化来提高效率和效果,但企业经营本身却是一个非标准化的、充满不确定性的过程。大多数经验只能作为参考,而无法直接复制。

企业发展过程中的不确定性需要企业家的特质和个人禀赋来化解,这使企业经营带有一定的"玄学"色彩。不同人的特质决定了他们的成功是不可复制的,因为成功既包含科学的部分,也包含了艺术的部分。

经营企业最难的部分在于对人性的深刻理解和把握。无论商业如何发展,人、需求、价值这三个核心要素始终不变。正如斯蒂芬·沃尔夫拉姆所说,人类不会受限于技术的演变,只会受限于自身设定的目标。

企业经营充满不确定性。做到一定规模后,考验的是经营者的定力、智慧和心态。不必纠结过去的失误,也无须沉溺曾经的辉煌。商业没有永远的成败,因为每个当下都是新的开始,每家企业都有重新出发的机会。

慢慢来，就很快！

"万事俱备，只欠东风"是一种不完美的状态。

但现实的情况是不仅很难有"万事俱备"的时候，而且没有"东风"，甚至可能连一点"风"都没有，在这种情况下，我们应该如何行动呢？

首先，先行动起来。行动本身就是一种力量。即使条件不完全成熟，我们也可以勇敢地迈出第一步。在实践中，我们会遇到各种挑战和机遇，这些经历会促使我们不断成长，我们的能力和思维方式也会随之提升。通过实际行动，我们可以逐步积累所需的资源，同时也能更清晰地认识到自己的不足和需要改进的地方。

其次，真正认知和理解世界，需要我们亲自去探索和体验。通过自己的行动和思考，我们能够获得最直接、最真实的信息。这种一手的体验，比任何间接的知识都要宝贵，因为它能够帮助我们更真实地把握世界，形成自己的见解和理解。

最后，不要急于求成，要学会享受成长的过程。慢慢来，意味着我们要有耐心，要有长远的视角，要相信每一步的努力都会在未来得到回报。通过持续的努力和不断的学习，我们可以逐渐积累财富和智慧，最终实现目标。

成功往往需要时间和耐心，而不是一蹴而就的。

亚马逊创始人杰夫·贝索斯曾向沃伦·巴菲特提出一个疑问："如果赚钱真的像你说的那么简单，为什么还有那么多人赚不到钱？"

巴菲特回答："因为人们不愿意慢慢变富。"

我们要有耐心，相信时间的力量，慢慢积累，最终达到我们的目标，不仅能够实现物质上的成功，还能在精神和认知上获得收获。

我们可能都不完美、都对未来一无所知，即便如此，我们面对不完美和未知的挑战也应该勇敢地采取行动，通过实践来学习和成长。

别着急，慢慢来，就很快！

参考文献

[1] 菲利普·科特勒, 凯文·莱恩·凯勒, 亚历山大·切尔内夫. 营销管理[M]. 16版. 陆雄文, 等译. 北京: 中信出版社, 2022.

[2] 菲利普·科特勒, 何麻温·卡塔加雅, 伊万·塞蒂亚万. 营销革命4.0: 从传统到数字[M]. 王赛, 译. 北京: 机械工业出版社, 2018.

[3] 彼得·德鲁克. 管理: 使命、责任、实践(责任篇)[M]. 陈驯, 译. 北京: 机械工业出版社, 2019.

[4] 彼得·德鲁克. 管理: 使命、责任、实践(使命篇)[M]. 陈驯, 译. 北京: 机械工业出版社, 2019.

[5] 彼得·德鲁克. 管理: 使命、责任、实践(实践篇)[M]. 陈驯, 译. 北京: 机械工业出版社, 2019.

[6] 彼得·德鲁克. 卓有成效的管理者[M]. 许是祥, 译. 北京: 机械工业出版社, 2019.

[7] 迈克尔·波特. 竞争战略[M]. 陈小悦, 译. 北京: 华夏出版社, 2005.

[8] 凯文·莱恩·凯勒. 战略品牌管理[M]. 3版. 卢泰宏, 吴水龙, 译. 北京: 中国人民大学出版社, 2009.

[9] 理查德·鲁梅尔特. 好战略, 坏战略(畅销版)[M]. 蒋宗强, 译. 北京: 中信出版社, 2017.

[10] 小马宋. 营销笔记[M]. 北京: 中信出版社, 2022.

[11] 吴晓波. 大败局[M]. 杭州: 浙江大学出版社, 2013.

[12] 罗伯特·艾格, 乔尔·洛弗尔. 一生的旅程[M]. 靳婷婷, 译. 上海: 文汇出版社, 2020.

[13] 周航．重新理解创业：一个创业者的途中思考［M］．北京：中信出版社，2018．

[14] 刘擎，等．软技能［M］．北京：新星出版社，2023．

[15] 贾林男．西贝的服务员为什么总爱笑：贾国龙激励 3 万员工的管理哲学［M］．上海：文汇出版社，2019．

[16] 史蒂芬·柯维．高效能人士的七个习惯（精华版）［M］．2 版．高新勇，王亦兵，葛雪雷，译．北京：中国青年出版社，2016．

[17] 彼得·圣吉．第五项修炼：学习型组织的艺术与实践［M］．2 版．张成林，译．北京：中信出版社，2016．

[18] 克莱顿·克里斯坦森．颠覆性创新［M］．崔传刚，译．北京：中信出版集团，2019．

[19] 宁向东．宁向东讲公司治理：共生的智慧［M］．北京：中信出版社，2021．

[20] 华杉，华楠．华与华超级符号案例集 3［M］．南京：江苏凤凰文艺出版社，2022．

[21] 凯文·凯利．5000 天后的世界［M］．潘小多，译．北京：中信出版集团，2023．

[22] 罗振宇．阅读的方法［M］．北京：新星出版社，2022．

后　记

从"小尖椒"到"思转"：我的品牌咨询之路

　　不知不觉，北京思转品牌管理咨询公司已经成立快 4 年了，而我本人也在品牌营销领域摸爬滚打了 17 年。

　　此次重新发表这些修改后的文字，既是为了聊聊我的经营理念，也是想完成分享从"小尖椒"到"思转"的创业历程。

　　2017 年，在做了 3 年独立品牌策划人之后，我创立了一家顾问公司——"小尖椒营销策划"。

　　为什么要叫这个名字，除了好记，还蕴藏着我对企业的规划和思考。

　　第一，立志做一家"小"公司。

　　我深知咨询顾问这个行业，其实属于"非标"行业，没法像快消品、家电公司那样，开发一套产品可以卖给很多人，甚至没办法像培训公司那样，开发一套课程，讲给一群人听。

　　公司所服务的每个客户、每个项目都是不一样的，做不到标准化，因此就很难做大。

　　我经常调侃自己，表面上看是脑力劳动，实际上是体力劳动，咨询这个行业归根结底属于劳动密集型产业。想增加业绩，要么提升客单值，要么增加项目数量。

　　即便是团队的每个成员可以独当好几面，但是超出现有人员承载范围，想要增加项目，就不得不增加人员，随之而来的就是成本增加、管理问题、沟通问题。

所以我选择做一家小公司，选择通过提升客单值来提升业绩。

在做顾问的这些年，我见过形形色色的企业。很多企业营业额很高、规模很大，但是成本高，利润小，甚至没有利润。我宁愿做一家小公司，把规模做小，把利润做高。

同时，我也希望通过"小尖椒"这个名字，时刻提醒自己，这是一家小公司，是一家创业公司，长期处于创业阶段。

第二，希望在行业里能冒个尖。

我们经常讲，小就是大，大就是小。尖字上边是"小"字，下边是"大"字。其中蕴含着很大的智慧，也是我们的企业经营哲学：不贪巧求速，不盲目扩大。

（1）小大为尖。

现在很多人都想着做大事，成大业，不太愿意做小事。那我们就从小事做起、做好每个细小环节。

我坚信，无论是经营自己的企业，还是服务客户，做好一件件小事，就会累积出大成就，就会冒尖，就会脱颖而出。

（2）发扬尖商精神。

尖商是说以前粮商在卖粮食的时候，盛满容器，还要再冒个尖，多给一些。我们也希望能发扬尖商的精神，超出客户预期。

（3）尖字是我们企业文化中"锥子精神"的写照。

锥子的特点就是尖，把力量集中在一个点上，瞬间刺穿物体。这时刻提醒我在日常工作中，要专注，要集中精力，不要分散，不要贪多，集中优势，做好每一件事，服务好每一个顾客。

（4）"尖"字是我们企业文化"瀑布原理"的写照。

瀑布之所以壮美，是水流遇到断崖，形成巨大的落差。

"瀑布原理"要求我们在服务客户的过程中，站在更高的维度看问题，要不断努力学习、锐意进取，用更高的专业度，为客户提供更好的服务。

第三，希望做一家甘当"绿叶"的公司。

我们一般提到椒，会想到花椒、辣椒、麻椒，而这些在美食制作过程中，虽然属于辅料，但是又离不了。这其实就是公司的定位。

在客户服务过程中，主料是客户，我们是辅料，我们的职责是让主料"扬长避短"。客户是红花，我们是绿叶，我们的职责是捧红更多红花。

当别人看到客户案例，赞美公司的时候，我们都会说，客户成功主要是客户的功劳，是客户厉害。这句话既是谦逊，也是事实。

以上就是"小尖椒"这个名称的解释，也是我创业的初衷、企业文化、经营理念、行为准则、价值导向。

第四，从要求自己到"启发"客户。

"小尖椒"的文化理念，实际上是在不断要求我自己做一家理想的公司，核心是要求自己。

但是实际工作过程深有体会，如果想要实现企业的使命，帮助企业实现增长，光做好自己是不够的，还需要能与客户进行同频交流。

很多客户，尤其是企业的负责人，最需要提升改变的是思想观念和认知能力。很多企业负责人还是习惯于做具体的事务，而没有站在战略的高度去关注问题，无形中用战术的勤奋掩盖了战略的懒惰。

如何才能委婉地提醒客户转变思维、提升认知呢？

基于此，我又创建了北京思转品牌管理咨询公司，希望通过讲"思转"的故事，启发客户。"思转"，字面意思是思维转换。

一方面是自己在工作中遇到困难，换个思维，换个角度，可能就能找到新的解决方案。

另一方面也希望我的客户、朋友，都能改变观念，提高认知。

"思转"，还接近英文单词"战略"（strategy）的部分发音，就是希望更多的企业负责人多关注战略，不要一味地扎在战术层面。

于是就有了北京思转品牌管理咨询公司。

从"小尖椒"到"思转"既是我创业历程的见证，也是我对于创业的理念的转变，希望对你有些启发。

去见更大的世界

杨绛先生曾说，很多人的问题主要在于书读得少，而想得太多。

我的微信签名是去见更大的世界。见识对一个人有多么重要，我跟大家分享下我的故事。很多人好奇，我为什么会走上商业咨询的道路，其实就是看到了更大的世界。

熟悉我的朋友都知道，我的第一份工作并不是在北上广深这些一线城市，我的第一份工作是在德州，而且工作了很多年。我的大学也是在德州读的，普通本科。

在来德州读书之前，我甚至不知道德州在哪里，大学之前我去过的最远的城市是西安。毫不夸张地说，我家 1997 年才通上电，用上电灯，那年我 12 岁。在我读初中之前，我家晚上照明点的都是煤油灯。

我的邻居是镇上的老师，他将儿子托付给老家的亲戚照看，他每周末都会给他儿子带很多书。但是他儿子基本上不看，全部拿给我看，那几年我读了很多课外书，知道了很多山村之外的世界。

初中的时候，我的政治课老师康海燕是刚刚从延安大学毕业的大学生。课余时间她向我们讲述了她美好的大学时光，我人生中第一次把考上大学作为人生理想，那时候很多人的梦想是能考上中专。

读高中时，我的语文老师是路遥的师妹，她给我们讲了很多路遥读书时的故事。我同学的哥哥当时在陕西师范大学读书，通过他的介绍，我知道了陈忠实、贾平凹等陕西籍的作家，读了《平凡的世界》《白鹿原》等，对文学产生了浓厚的兴趣，隐隐萌生了作家梦。

大一时我经常泡在图书馆，读了图书馆里能找到的路遥、陈忠实、贾平凹等陕西籍作家以及其他知名作家的作品，对文学、广播电视、新闻学的作品充满兴趣，我了解到了更大的世界。

大一下学期，有一天我去学校参加一个讲座，在楼下的公告栏上看到我的一位师哥考上了兰州大学新闻学的研究生，当时无比震惊，我找到了学习的榜样，那时候就立下了考研究生的志向。我师哥不仅是我学生时代的榜样，在我创业的过程中也给了我很多帮助和指导。

遗憾的是研究生面试没通过，我只好找工作了。根据我的专业，似乎只能去媒体单位了。有一天我读了著名战略咨询专家王志纲老师的作品，我发现原来他之前也是媒体人，顺着这个思路我发现吴晓波也是媒体人出身。那一刻我想明白了，原来我也可以做跟商业相关的工作。

于是我就去了一家大型企业集团的品牌部工作，我的老板是一位非常耀眼的明星企业家，跟在他身边工作，我能接触到国际、国内很多高层次的资源，自己的认知、眼界、格局就是在一次次跟高手的接触中得到了提升。

而我最初的基本功也是得益于跟在前老板身边，看他如何管理一家大型企业集团，大到每次战略决策，小到每个具体的问题处理。为了能跟上他的思路，我在刚入职的3个月内，读了迈克尔·波特、彼得·圣吉、彼得·德鲁克等大师的著作。

在将近5年的时间里，我参与了前老板的个人IP打造的全过程，我对这一切充满了好奇，每天都乐在其中，那是我成长最快的5年，一方面是有"老师"手把手教，另一方面是我自己真的感兴趣，每天如饥似渴地学习实践。以至于我刚开始创业的时候，有人疑惑，为什么我无论见了多么大的企业家，都很淡定。我的回答是因为掌控几百亿元、几千亿元规模的企业家我都见过了。

而让我真正把品牌和营销作为终生事业的，是两件事情。第一件事是我去青岛拜访一位咨询公司的老板，他给我推荐了以菲利普·科特勒为第一作者的《营销管理》，我本想一口气读完，没想到太难读了，几次放弃，又几次捡起来，前前后后花了5年时间才读完，从此我有了第一个职业偶像，就是菲利普·科特勒。

促使我把品牌和营销作为终生事业的第二件事，是我的好朋友推荐我去青岛参加一家国际咨询公司的面试，虽然我最后放弃了这家公司的工作，但是面试的过程真的让我受益匪浅。

我记得当时先后有两位来自台湾省的主管面试，虽然是面试，但是他们给我讲了很多他们操盘的品牌、营销案例。整个过程下来，我感觉就像听身经百战的老师在授课，我当时就想我也要成为他们那样的人。

至于我是如何走上创业这条路的，也是因为工作的原因，我接触到了时任凡客诚品副总裁的吴声老师，当时了解了凡客诚品，我隐隐约约感觉电商会在中国迎来狂飙突进式发展。

于是，我在 2013 年辞去了当时的工作，开启了人生的第一次创业。在北京创建了一家购物网站，为了向偶像菲利普·科特勒致敬、体现以客户为中心，当时给网站起名"客特乐"商城。

我开始独立经营企业，从战略、品牌、推广、产品等各方面都需要我关注，当时欠缺的是融资的意识和能力，一年之后我的购物网站就关停了。后来有朋友问，为什么不去融资呢？说实话，当时真的没有这样的意识，属于我的认知盲区。

后来我怎么走上品牌咨询顾问的道路呢？当时我以独立品牌营销顾问的身份，一边服务企业，一边实践社群营销，一次偶然的机会，了解到了小马宋老师。

在北京服装学院听了小马宋老师的一堂营销课，后来又知道了华与华（品牌策划公司），逐渐对咨询行业产生了浓厚的兴趣，就这样一步一步走上咨询顾问的道路。

人生就是在不同的阶段见到了不同的人和事，对你产生了影响，让你做出了抉择，而这一次次抉择的成果，其实就构成了你的人生。

未完待续

感谢您读完了这本书。但这绝不是结束，而是我们共创的开始。

这是我写的第一本书，尽管我付出了全部努力，但仍可能会有不足，可能有的内容还没有讲透，有的内容还稍显青涩。

《向内生长》这本书讲述了影响品牌营销增长的内部因素，篇幅有限，各个板块并没有详细展开。后边我还会围绕"内"这个关键字，输出一系列书籍，比如《内容安全》《内部品牌》《内容生产》《内部营销》等，期待与您共同探索更多知识领域。

您也可以添加我的个人微信（本书勒口处），我们一起探讨企业的品牌、营销。

致　谢

《向内生长——品牌增长背后的核心秘密》这本书终于要出版了，需要感谢的人很多，每每想到他们，我都万分感恩。

首先感谢我的家人，尤其是我的爱人和女儿，是你们为我营造了温暖的港湾。

感谢思转团队、感谢前合伙人孙国超，是你们给了我前行的勇气。

感谢我的顾问汤老师、肖凤华老师，是你们给了我很大的支持。

感谢在我创业路上提供帮助的好友陈思、罗冰冰、张月青、蒋阔、武功、孙怡、曲秀明、李鸿儒、陈赫翊楠、李瑞兆、陈艳、胡文薇、李新伟、及宏伟。

感谢我的师哥赵步云，他是我大学时代的偶像，创业路上的榜样。

感谢《中华建筑报》社长、总编赵志国老师。

感谢我的好友曲畅，给我提供支持和帮助。

感谢我的好友雪梨、感谢知名作家白永生老师，因为你们的推荐，我才有幸遇到这么优秀的出版社和编辑老师团队。

感谢各位合作客户的信任：

韩　鹏：誉鹏达创始人

曹婷婷：誉泽诚创始人

孙国菲：小尖椒营销策划总经理

闫海涛：闫哥餐饮创始人

孙丽新：闫哥包粥道联合创始人

刘　星：可观品牌营销创始人

郭捷径：誉鹏达实验室科技创始人

刘占州：誉鹏达实验室科技联合创始人

孙连军：晟烁环保创始人

刘俊强：东方晶彩创始人

苏　易：高策众邦创始人

蓝　飞：知音文化艺术学苑创始人

曹　扬：华蔚咨询创始人

弓海君：弘申通达创始人

孙　宾：华益建材创始人

刘顺彤：展意咨询创始人

曹成坤：百仕达地标产业董事长

王玲玲：鑫衢集团董事长

肖　野：河北宾馆集团大营销中心总经理

李运昊：煦锦望禾总经理

丁东兰：知意文化总经理

张墨琳：大于设计创始人

牛　振：中赢众睿总经理

曹书敏：京京知识产权总经理

胡文丽：丘山社会工作服务中心负责人

刘治国：中国交通运输协会驾驶培训分会秘书长

毕丽娜：燚虹科技创始人

陈玉鑫：斯泰麟总经理

徐雅竹：西西艾姆传媒集团《设备租赁》执行主编

马晓军：谱略信息总经理

魏泽沛：共享创客总经理/紫园品牌创始人

范晓楠：城市空间总经理

赵祖婧：绿洲清洗设备国际业务部负责人

王海成：鲸浪文化传播总经理

感谢在我专业成长路上直接或间接对我产生深远影响的老师，场景实验室创始人吴声老师、品牌专家李倩老师、战略营销专家小马宋老师、著名营销专家华杉老师、品牌专家叶明老师、得到 App 创始人罗振宇老师、迈克尔·波特教授、星巴克创始人霍华德·舒尔茨、菲利普·科特勒教授、凯文·莱恩·凯勒教授、邹振东教授、宁向东教授。

感谢关注和购买这本书的读者朋友，感谢您的信任与支持。

让我们向内生长，遇见美好人生。

王梓名

2025 年 6 月于北京